Impressum
Verlag: BABADADA GmbH, Nedderfeld 112 , 22529 Hamburg
Geschäftsführer / Verlagsleitung: Harald Hof
Druck: Books on Demand GmbH, In de Tarpen 42, 22848 Norderstedt

Imprint
Publisher: BABADADA GmbH, Nedderfeld 112 , 22529 Hamburg, Germany
Managing Director / Publishing direction: Harald Hof
Print: Books on Demand GmbH, In de Tarpen 42, 22848 Norderstedt

dibistan
σχολείο

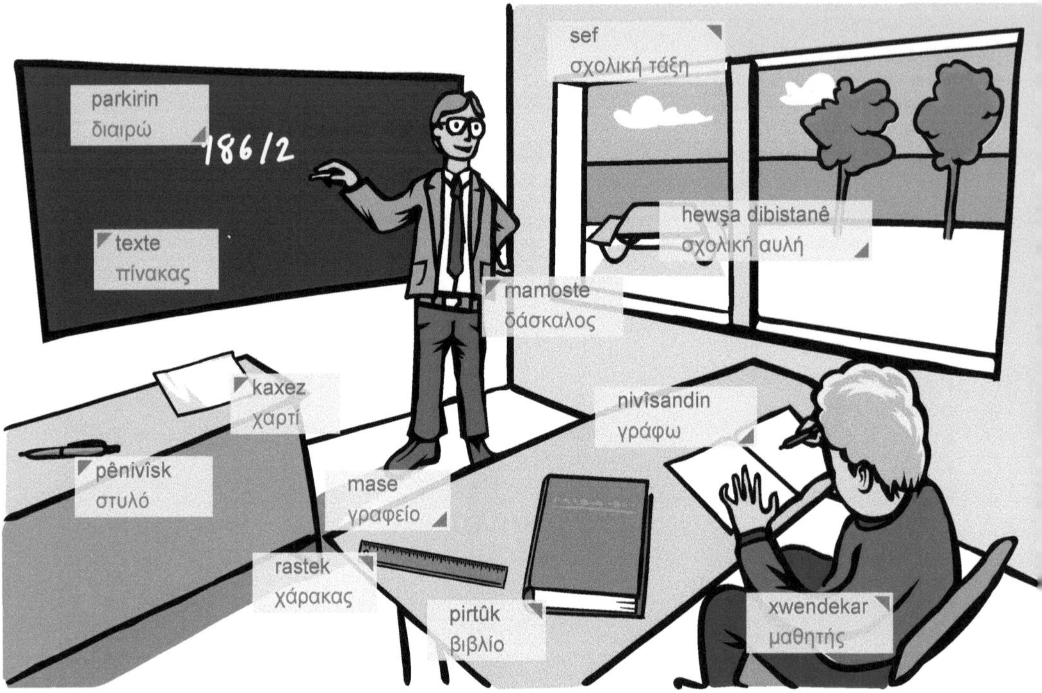
sef
σχολική τάξη
parkirin
διαιρώ
186/2
texte
πίνακας
hewşa dibistanê
σχολική αυλή
mamoste
δάσκαλος
kaxez
χαρτί
nivîsandin
γράφω
pênivîsk
στυλό
mase
γραφείο
rastek
χάρακας
pirtûk
βιβλίο
xwendekar
μαθητής

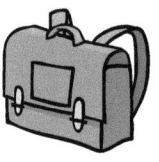

çewal

σχολική τσάντα

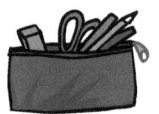

qûtî nivîstok

κασετίνα/ μολυβοθήκη

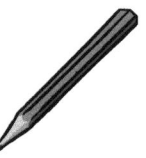

qelemrisas

μολύβι

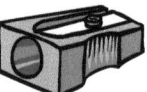

nivîstok tûjkir

ξύστρα

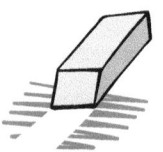

jêbir

γόμα

nivîska nîgarê

μπλοκ ζωγραφικής

nîgar

ζωγραφική

firçeya rengê

πινέλο

qûtî reng

κουτί χρωμάτων

meqes

ψαλίδι

lezaq

κόλλα

pirtûka fêrbûn

τετράδιο ασκήσεων

wezîfa malê

εργασία για το σπίτι

hejmar

αριθμός

2+2

zêdekirin

προσθέτω

5-2

derxistin

αφαιρώ

zêdekirin

πολλαπλασιάζω

hesibandin

υπολογίζω

tîp

γράμμα

alfabe

αλφάβητο

peyv

λέξη

nivîsê

κείμενο

xwandin

διαβάζω

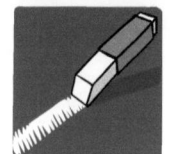

geç

κιμωλία

ders

μάθημα

qeydkirin

εγγράφομαι

îmtîhan

τεστ

şehade

πιστοποιητικό

kinca dibistanê

μαθητική στολή

perwerdehî

εκπαίδευση

zanistname

εγκυκλοπαίδεια

zanîngeh

πανεπιστήμιο

mîkroskûp

μικροσκόπιο

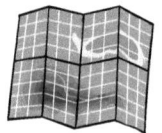

xerîte

χάρτης

sepeta kaxezê

καλάθι αχρήστων

rêwêtî
ταξίδι

mêvanxane
ξενοδοχείο
Grand
mêvanxane
ξενώνας
ROOMS
ofîsa pere veguhartinê
ανταλλακτήρια συναλλάγματος
€CHANGE
cente
βαλίτσα
maşîn
αυτοκίνητο

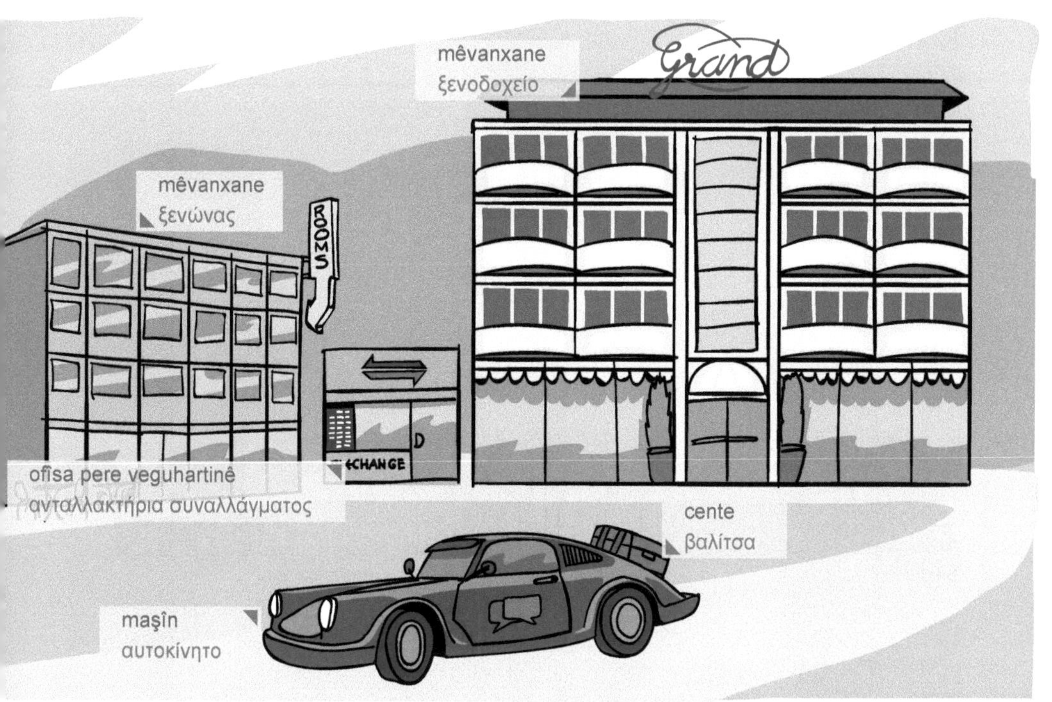

ziman

γλώσσα

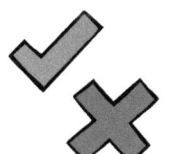

belê / na

ναι / όχι

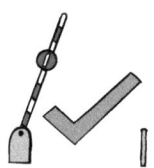

baş

εντάξει

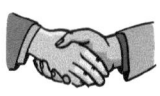

silav

γεια σου

wergêra nivîskî

μεταφραστής

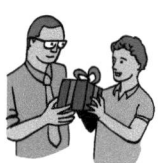

sipas

Ευχαριστώ

bihayê ... çi qase?

πόσο κάνει ;

ez fam nakim

Δε καταλαβαίνω

pirsgirêk

πρόβλημα

êvarbaş!

Καλησπέρα!

beyanî baş!

Καλημέρα!

şev baş!

Καληνύχτα!

xatirê te

Αντίο

alî

κατεύθυνση

hûrmûr

αποσκευές

çente

τσάντα

çente pişt

σακίδιο πλάτης

mêvan

καλεσμένος

ode

δωμάτιο

came xew

υπνόσακος

çadir

σκηνή

agagiyên gerokan

τουριστικές πληροφορίες

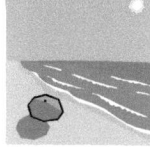

rexê avê

παραλία

kartê qerzê

πιστωτική κάρτα

taştê

πρωινό

firavîn

μεσημεριανό

şîv

δείπνο

kart

εισιτήριο

asansor

ανελκυστήρας

pûl

γραμματόσημο

tixûb

σύνορα

gumirk

τελωνείο

balyozxane

πρεσβεία

vîza

βίζα

pasaport

διαβατήριο

rêwêtî - ταξίδι

guhaztin

μεταφορά

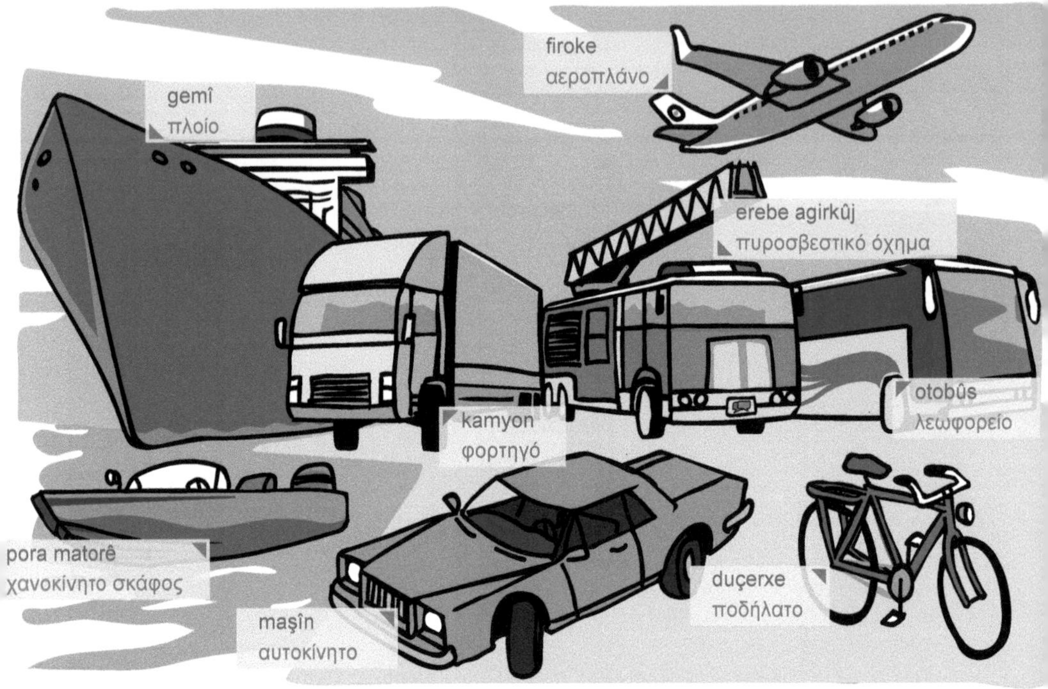

firoke
αεροπλάνο
gemî
πλοίο
erebe agirkûj
πυροσβεστικό όχημα
otobûs
λεωφορείο
kamyon
φορτηγό
pora matorê
χανοκίνητο σκάφος
duçerxe
ποδήλατο
maşîn
αυτοκίνητο

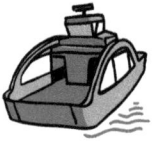

papor

φεριμπότ

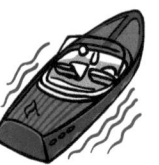

papor

βάρκα

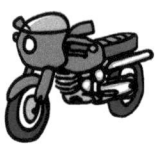

motorsîklêt

μοτοσικλέτα

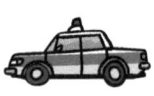

trimbêla polîsê

περιπολικό

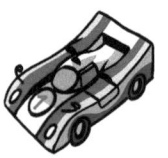

trimbêla pêşbaziyê

αγωνιστικό αυτοκίνητο

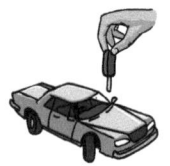

erebe kirêkirinê

ενοικιαζόμενο αυτοκίνητο

maşîn pervekirin

διαμοιρασμός αυτοκινήτων

kamyona kişandinê

γερανός

kamyona xwelî

απορριμματοφόρο

motorsîklêt

κινητήρας

mazot

καύσιμο

îstegeha benzînê

βενζινάδικο

tabloya tirafîkê

πινακίδα σήμανσης

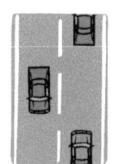

hatinûçûn

κυκλοφορία

tirafîk

κυκλοφοριακή συμφόρηση

cihê parkê

χώρος στάθμευσης

rawesteka trênê

σιδηροδρομικός σταθμός

rêç

σιδηροδρομικές γραμμές

trên

τρένο

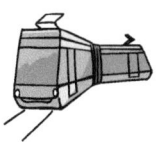

trênê kolanê

τραμ

erebe

βαγόνι

babirok
ελικόπτερο

balafirgeh
αεροδρόμιο

birc
πύργος

misafir
επιβάτης

qûtî
εμπορευματοκιβώτιο

qûtî
χαρτοκιβώτιο

girgirok
καρότσι

selik
καλάθι

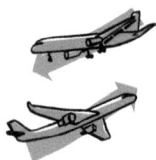

rabûn / nîştin
απογειώνομαι /
προσγειόνομαι

bajar

πόλη

gund
χωριό

navenda bajarê
κέντρο της πόλης

xanî
σπίτι

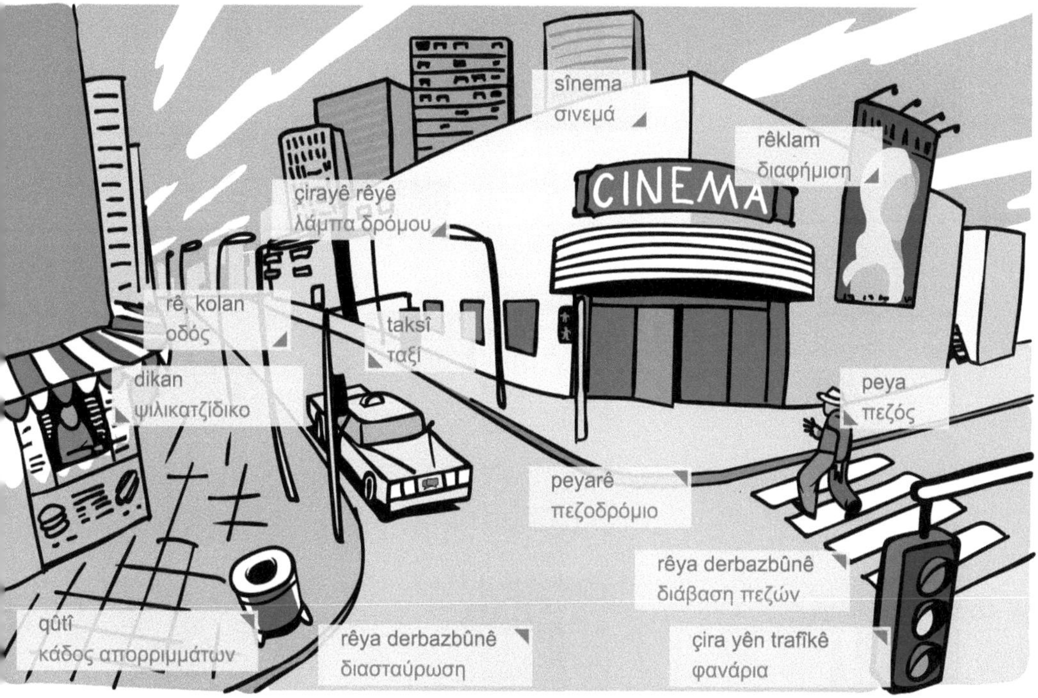
sînema
σινεμά
CINEMA
rêklam
διαφήμιση
çirayê rêyê
λάμπα δρόμου
rê, kolan
οδός
taksî
ταξί
dikan
ψιλικατζίδικο
peya
πεζός
peyarê
πεζοδρόμιο
rêya derbazbûnê
διάβαση πεζών
qûtî
κάδος απορριμμάτων
rêya derbazbûnê
διασταύρωση
çira yên trafîkê
φανάρια

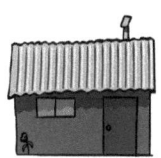

kox

καλύβα

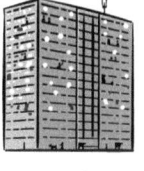

xanî

διαμέρισμα

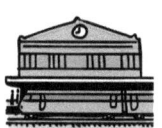

rawesteka trênê

σιδηροδρομικός σταθμός

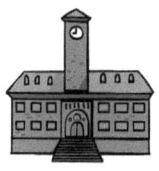

telara şarevanî

δημαρχείο

MUSEUM

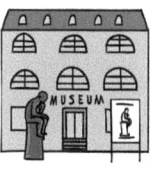

mûzexane

μουσείο

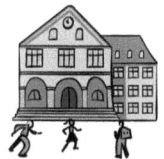

dibistan

σχολείο

zanîngeh

πανεπιστήμιο

bank

τράπεζα

nexweşxane

νοσοκομείο

mêvanxane

ξενοδοχείο

dermanxane

φαρμακείο

ofîs

γραφείο

kitêbfiroşî

βιβλιοπωλείο

dikan

κατάστημα

gulfiroş

ανθοπωλείο

bazar

σούπερ μάρκετ

bazar

αγορά

supermarket

πολυκατάστημα

masîfiroş

ιχθυοπωλείο

navenda kirrîn

εμπορικό κέντρο

bender

λιμάνι

park

πάρκο

sekû

παγκάκι

pir

γέφυρα

derince

σκάλες

jêr erdê

μετρό

tunnel

τούνελ

îstgeha otobûs

στάση λεωφορείου

bar

μπαρ

xwaringeh

εστιατόριο

sindûqa postê

γραμματοκιβώτιο

nîşanderka rêyê

πινακίδα δρόμου

metra parkîngê

παρκόμετρο

baxça heywanan

ζωολογικός κήπος

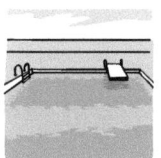

hewza melevanî

πισίνα

mizgeft

τζαμί

bajar - πόλη

cotgeh

αγρόκτημα

lewitandina derdor

ρύπανση

goristan

νεκροταφείο

kenîse

εκκλησία

erdê leyistinê

παιδική χαρά

perestgeh

ναός

tebîet
τοπίο

gela
φύλλο

nîşanderka rê
πινακίδα κατεύθυνσης

rê
δρόμος

mêrg
λιβάδι

kevir
πέτρα

gerok
πεζοπόρος

dar
δέντρο

çem
ποτάμι

gîya
χορτάρι

kulîlk
λουλούδι

dol
κοιλάδα

gir
λόφος

gol
λίμνη

daristan
δάσος

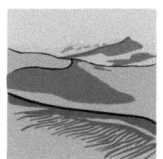

beyaban
έρημος

volkan
ηφαίστειο

keleh
κάστρο

keskesor
ουράνιο τόξο

kivark
μανιτάρι

darqesp
φοίνικας

mixmixk
κουνούπι

mêş
μύγα

mêrî
μυρμήγκι

hing
μέλισσα

pîrê
αράχνη

kêzik

σκαθάρι

beq

βάτραχος

sihor

σκίουρος

jîjok

σκαντζόχοιρος

kerguh

λαγός

pepûk

κουκουβάγια

çivîk

πουλί

qû

κύκνος

berazê kovî

αγριογούρουνο

pezkovî

ελάφι

pezkovî

άλκη

bendav

φράγμα

tûrbîna ba

ανεμογεννήτρια

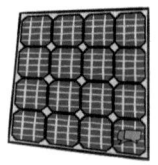

panela xorê

ηλιακός συλλέκτης

av û hewa

κλίμα

xwaringeh
εστιατόριο

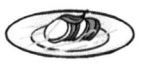

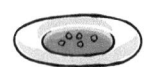

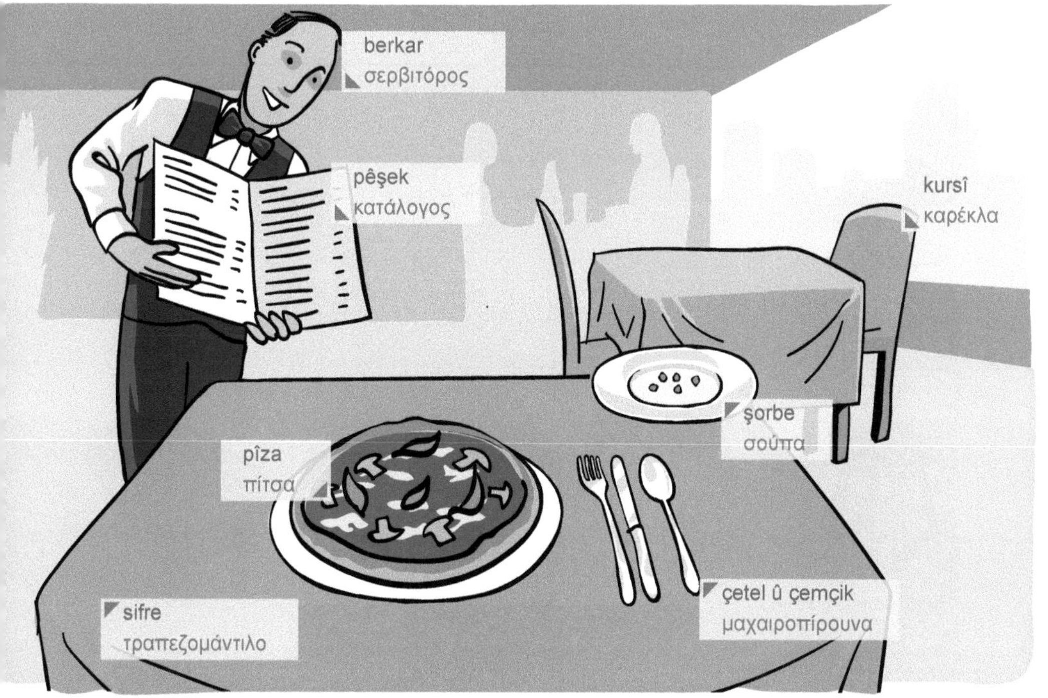

berkar
σερβιτόρος
pêşek
κατάλογος
kursî
καρέκλα
şorbe
σούπα
pîza
πίτσα
sifre
τραπεζομάντιλο
çetel û çemçik
μαχαιροπίρουνα

xwarina destpêk

ορεκτικό

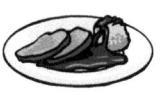

xwarina serekî

κύριο πιάτο

şêranî

επιδόρπιο

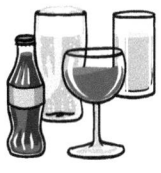

vexwarinan

ποτά

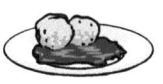

xwarin

φαγητό

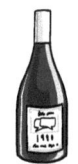

cam

μπουκάλι

xwarina lez

φαστ φουντ

xwarina rêyê

φαγητό στ' όρθιο

çaydanik

τσαγιέρα

qûtî şekirê

δοχείο ζάχαρης

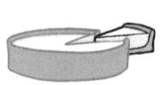

beş

μερίδα

mekîna çêkirinê espresso

μηχανή εσπρέσο

kursiya bilînd

ψηλή καρέκλα

hesab

λογαριασμός

sênî

δίσκος

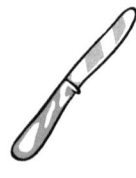

kêr

μαχαίρι

çetel

πιρούνι

kevçî

κουτάλι

kevçiya çay

κουταλάκι του τσαγιού

pêşgir

πετσέτα φαγητού

qedeh

ποτήρι

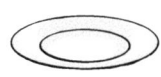

teyfik

πιάτο

teyfika şorbe

πιάτο σούπας

piyale

πιατάκι φλιτζανιού

çênc

σάλτσα

xwêdank

αλατιέρα

qûtî bîbar

μύλος για πιπέρι

sêk

ξύδι

rûn

λάδι

biharat

μπαχαρικά

ketçap

κέτσαπ

mustard

μουστάρδα

mayonêz

μαγιονέζα

bazar

σούπερ μάρκετ

pêşkêşên taybet
προσφορά
FOR
mişterî
πελάτης
şîremenî
γαλακτοκομικά προϊόντα
fêkî
φρούτα
erebe
καρότσι για ψώνια

BUTCHERS

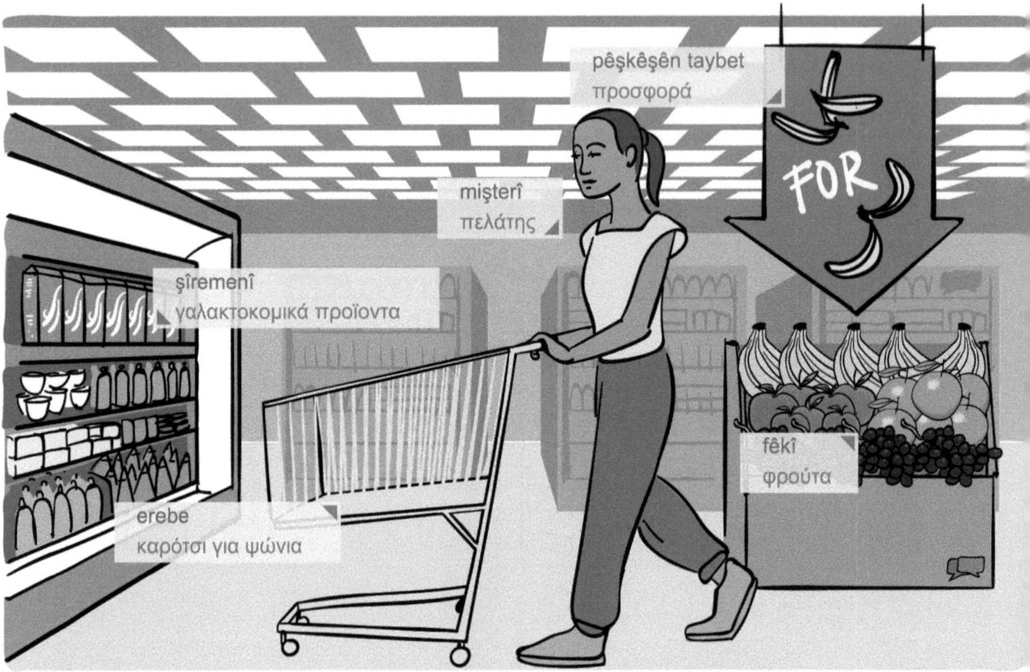

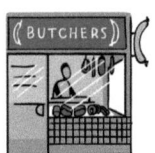

qesabî

κρεοπωλείο

BAKERY

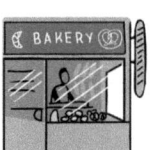

dikana nanpêj

φούρνος

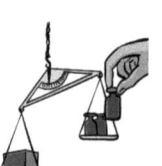

wezin kirin

ζυγίζω

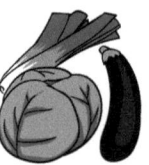

sebze

λαχανικά

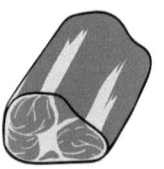

goşt

κρέας

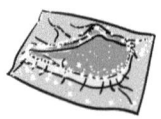

xwarinê cemedî

κατεψυγμένα τρόφιμα

goştê sar

αλλαντικά

xwarina pîlê

κονσερβοποιημένη τροφή

xubarê paqijkirinê

απορρυπαντικό ρούχων

şirînî

γλυκά

berhemên navxweyî

οικιακά είδη

berhemên paqijkirinê

καθαριστικά προϊόντα

firoşyar

πωλήτρια

xeznok

ταμείο

diravgir

ταμίας

lîsta kirrînê

λίστα για ψώνια

demên vekirî

ωράριο λειτουργίας

cizdan

πορτοφόλι

kartê qerzê

πιστωτική κάρτα

çewal

τσάντα

çente

πλαστική σακούλα

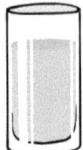

av

νερό

şerbet

χυμός

şîr

γάλα

komir

κόκα κόλα

şerab

κρασί

bîra

μπίρα

alkol

αλκοόλ

kakwo

κακάο

çay

τσάι

qehwe

καφές

espresso

εσπρέσο

kapoçîno

καπουτσίνο

moz

μπανάνα

sêv

μήλο

pirteqalî

πορτοκάλι

gundor

πεπόνι

lîmon

λεμόνι

gêzer

καρότο

sîr

σκόρδο

qamir

μπαμπού

pîvaz

κρεμμύδι

qarçik

μανιτάρι

gewîz

ξηροί καρποί

şihîre

νουντλς

spagêttî

μακαρόνια

birinc

ρύζι

selete

σαλάτα

çîps

πατατάκια

peteteya biraştî

τηγανητές πατάτες

pîza

πίτσα

hamburger

χάμπουργκερ

nanok

σάντουιτς

goştê stûyê berxî

κοτολέτα

goştê hişkkirî

ζαμπόν

salamê

σαλάμι

sosîs

λουκάνικο

mirîşk

κοτόπουλο

bijartin

ψητό

masî

ψάρι

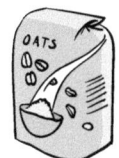

şorbe bilûl

χυλός βρώμης

mûslî

μούσλι

kertên gilgilan

κορν φλέικς

ard

αλεύρι

croissant

κρουασάν

semûn

ψωμάκι

nan

ψωμί

tost

τοστ

nanik

μπισκότα

nivîşk

βούτυρο

mast

τυρόπηγμα

kulîçe

κέικ

hêk

αυγό

hêka qelandî

τηγανητό αυγό

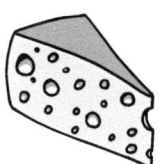

penîr

τυρί

dondirme

παγωτό

şekir

ζάχαρη

hingiv

μέλι

mireba

μαρμελάδα

xameya nougat

άλλειμμα σοκολάτας

kurrî

κάρυ

cotgeh
αγρόκτημα

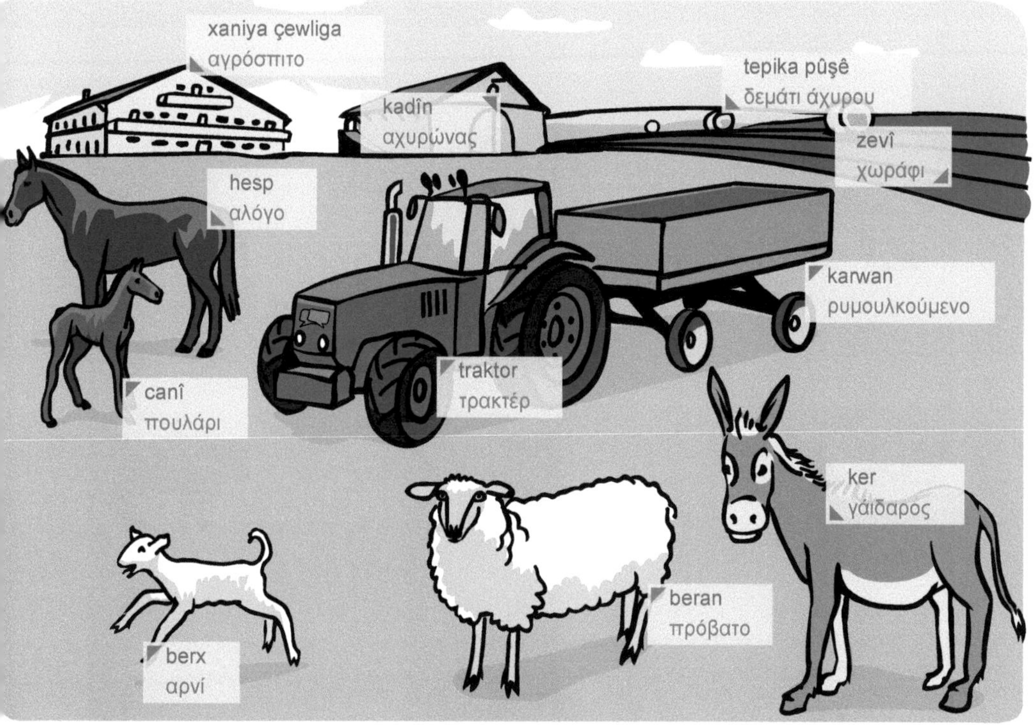
xaniya çewliga
αγρόσπιτο
kadîn
αχυρώνας
tepika pûşê
δεμάτι άχυρου
zevî
χωράφι
hesp
αλόγο
karwan
ρυμουλκούμενο
traktor
τρακτέρ
canî
πουλάρι
ker
γάιδαρος
beran
πρόβατο
berx
αρνί

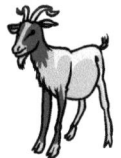

bizin
....
κατσίκα

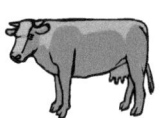

çêlek
....
αγελάδα

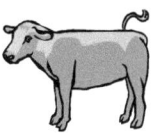

golik
....
μοσχαράκι

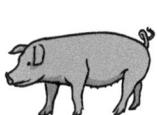

beraz
....
γουρούνι

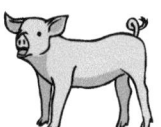

xinzîrk
....
γουρουνάκι

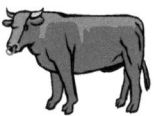

boxe
....
ταύρος

qaz

χήνα

miravî

πάπια

cûçik

κοτοπουλάκι

mirîşk

κότα

keleşêr

κόκορας

circ

αρουραίος

kitik

γάτα

mişk

ποντίκι

ga

βόδι

kûçik

σκύλος

xaniya kûçikê

σπιτάκι σκύλου

xanî baxê

λάστιχο κήπου

qûtîka avdanê

ποτιστήρι

şalûk

θεριστήρι

gasin

αλέτρι

das
δρεπάνι

merbêr
τσάπα

darsapik
δίκρανο

bivir
τσεκούρι

destgere
χειράμαξα

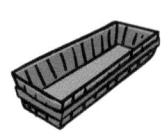

qûtî xwarina candaran
ταΐστρα

qûtî şîr
δοχείο γάλακτος

tûr
σάκος

çeper
φράχτης

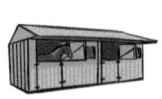

axur
στάβλος

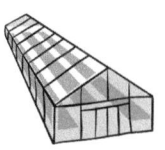

xana kulîlkan
θερμοκήπιο

ax
έδαφος

dendik
σπόρος

peyn
λίπασμα

kombayn
θεριζοαλωνιστική μηχανή

zad
θερίζω

zad
συγκομιδή

petete
γιαμς

genim
σιτάρι

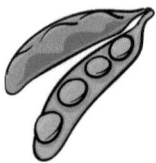

fasolî
σόγια

petete
πατάτα

dexl
καλαμπόκι

dindik
κράμβη

darê fêkî
οπωροφόρο δέντρο

sêvê bin erdê
μανιόκα

zad
δημητριακά

xanî
σπίτι

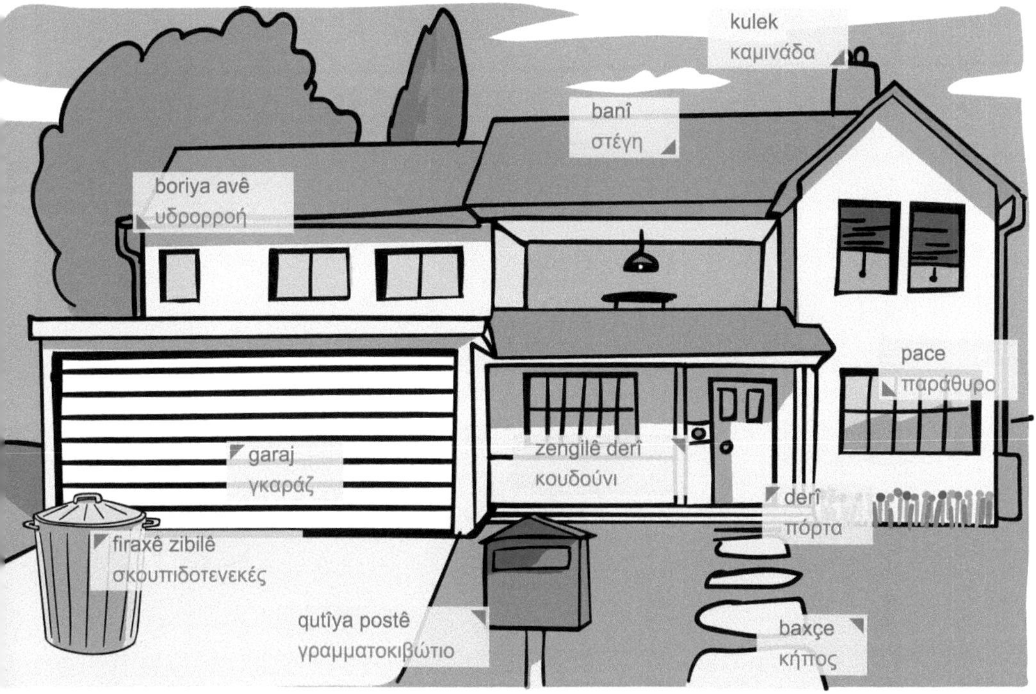
kulek
καμινάδα
banî
στέγη
boriya avê
υδρορροή
pace
παράθυρο
garaj
γκαράζ
zengilê derî
κουδούνι
derî
πόρτα
firaxê zibilê
σκουπιδοτενεκές
qutîya postê
γραμματοκιβώτιο
baxçe
κήπος

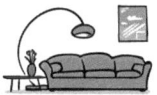

oda rûniştinê

σαλόνι

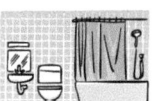

hemam

μπάνιο

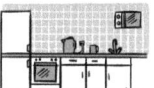

metbex

κουζίνα

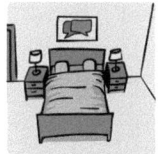

oda xewê

υπνοδωμάτιο

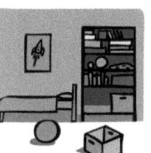

odeya zarok

παιδικό δωμάτιο

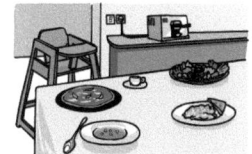

oda şîvê

τραπεζαρία

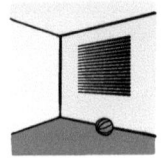

binî

πάτωμα

dîwar

τοίχος

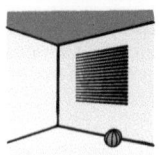

berban

οροφή

xenzik

κελάρι

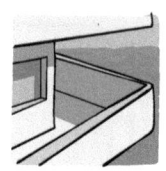

sauna

σάουνα

balkon

μπαλκόνι

berdanik

βεράντα

hewza melevanî

πισίνα

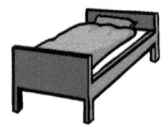

çîmen birr

μηχανή του γκαζόν

melhefe

σεντόνι

betanî

κάλυμμα κρεβατιού

nivîn

κρεβάτι

gezik

σκούπα

satil

κουβάς

kilîl

διακόπτης

oda rûniştinê
σαλόνι

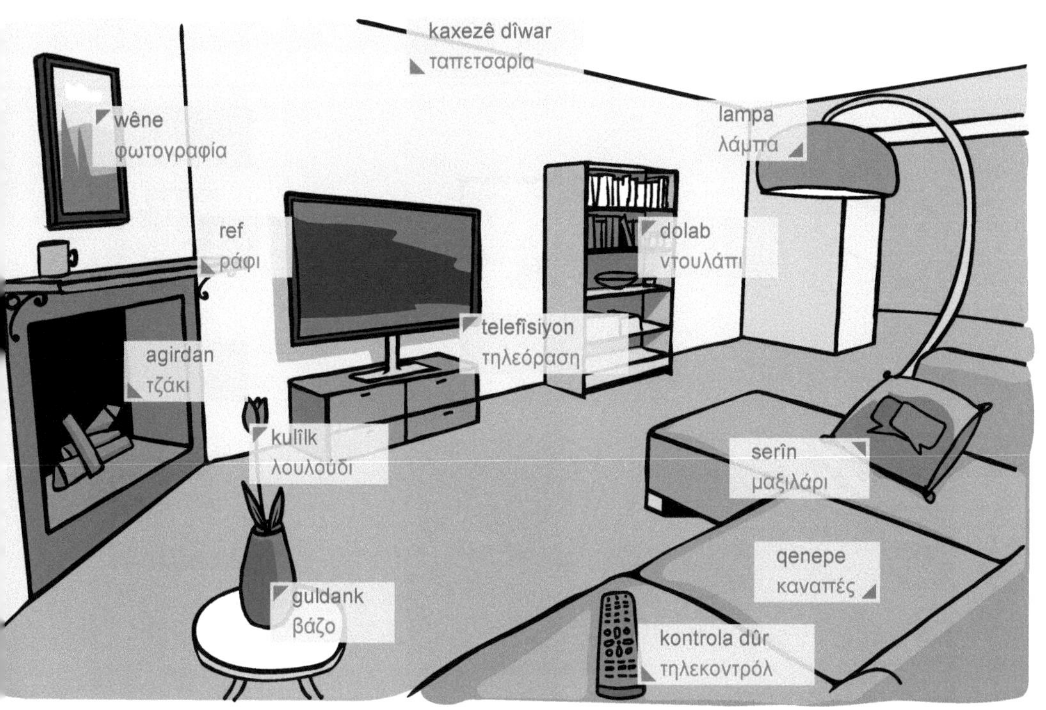

kaxezê dîwar
ταπετσαρία
wêne
φωτογραφία
lampa
λάμπα
ref
ράφι
dolab
ντουλάπι
telefîsiyon
τηλεόραση
agirdan
τζάκι
kulîlk
λουλούδι
serîn
μαξιλάρι
qenepe
καναπές
guldank
βάζο
kontrola dûr
τηλεκοντρόλ

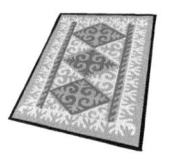

xalîçe

χαλί

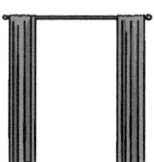

perde

κουρτίνα

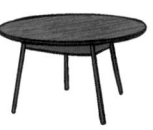

mêz

τραπέζι

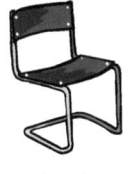

kursî

καρέκλα

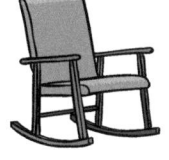

kursiya hejanok

κουνιστή πολυθρόνα

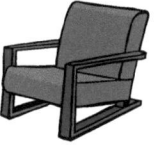

kursî

πολυθρόνα

pirtûk

βιβλίο

betanî

κουβέρτα

xemilandin

διακόσμηση

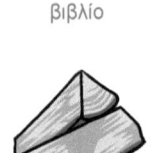

êzing

καυσόξυλα

fîlm

ταινία

hi-fi

στερεοφωνικό σύστημα

kilîl

κλειδί

rojname

εφημερίδα

nîgar

πίνακας ζωγραφικής

poster

αφίσα

radyo

ραδιόφωνο

defter

σημειωματάριο

sivnika elektrîkî

ηλεκτρική σκούπα

kaktûs

κάκτος

mom

κερί

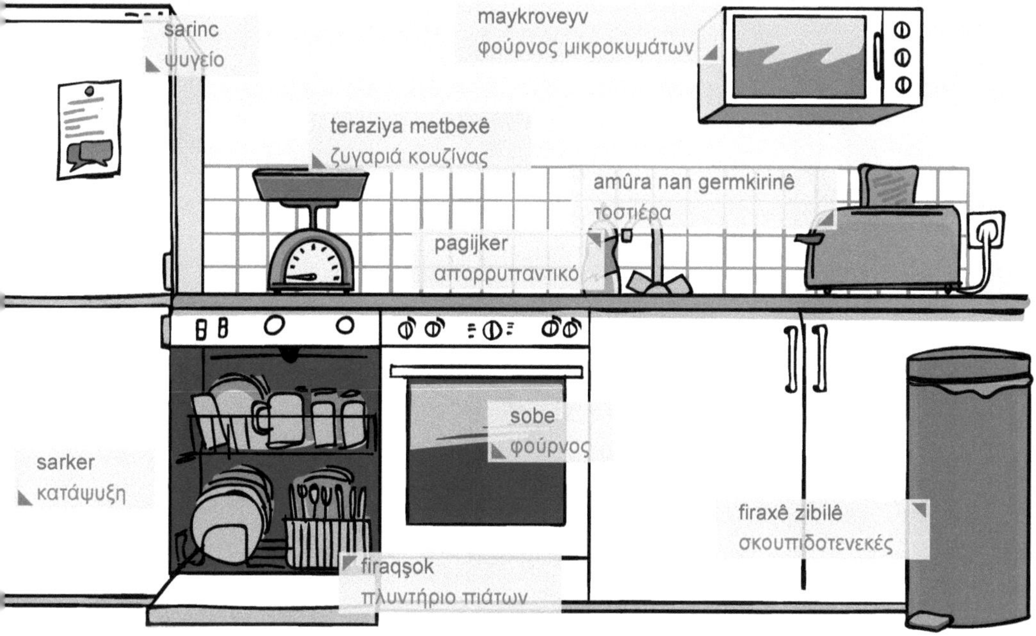

sarinc
ψυγείο

maykroveyv
φούρνος μικροκυμάτων

teraziya metbexê
ζυγαριά κουζίνας

amûra nan germkirinê
τοστιέρα

pagijker
απορρυπαντικό

sober
φούρνος

sarker
κατάψυξη

firaxê zibilê
σκουπιδοτενεκές

firaqşok
πλυντήριο πιάτων

sobe
κουζίνα

aman
κατσαρόλα

amaê ûtû
μαντεμένια κατσαρόλα

firaqê mezin
γουόκ/καντάι

dîzik
τηγάνι

kelînk
βραστήρας

firaqê hilmê

ατμομάγειρας

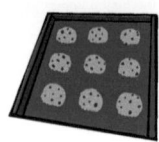

sênî nanê

ταψί

firaq

πιατικά

piyale

κούπα

kasik

μπολ

darê nanxwarin

ξυλάκια

hesk

κουτάλα

kevçiya mezin

σπάτουλα

rînek

ανακατεύω

kefgîr

σουρωτήρι

bêjing

σουρωτηράκι

rêşker

τρίφτης

destar

γουδί

biraştin

ψησταριά

agirê vala

ανοιχτή φωτιά

texteya birrînê

σανίδα κοπής

darikê tîrê

πλάστης

devik badek

ανοιχτήρι φελλών

qûtî

κονσέρβα

qûtîvekir

ανοιχτήρι κονσέρβας

cawê amanan

γάντι φούρνου

destşo

νεροχύτης

firçe

βούρτσα

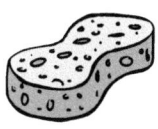

parazoa

σφουγγάρι

tevdêr

μπλέντερ

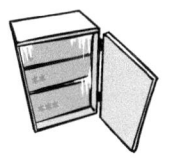

sarkerê cemedî

καταψύκτης

şûşe bebikan

μπιμπερό

henefî

βρύση

hemam

μπάνιο

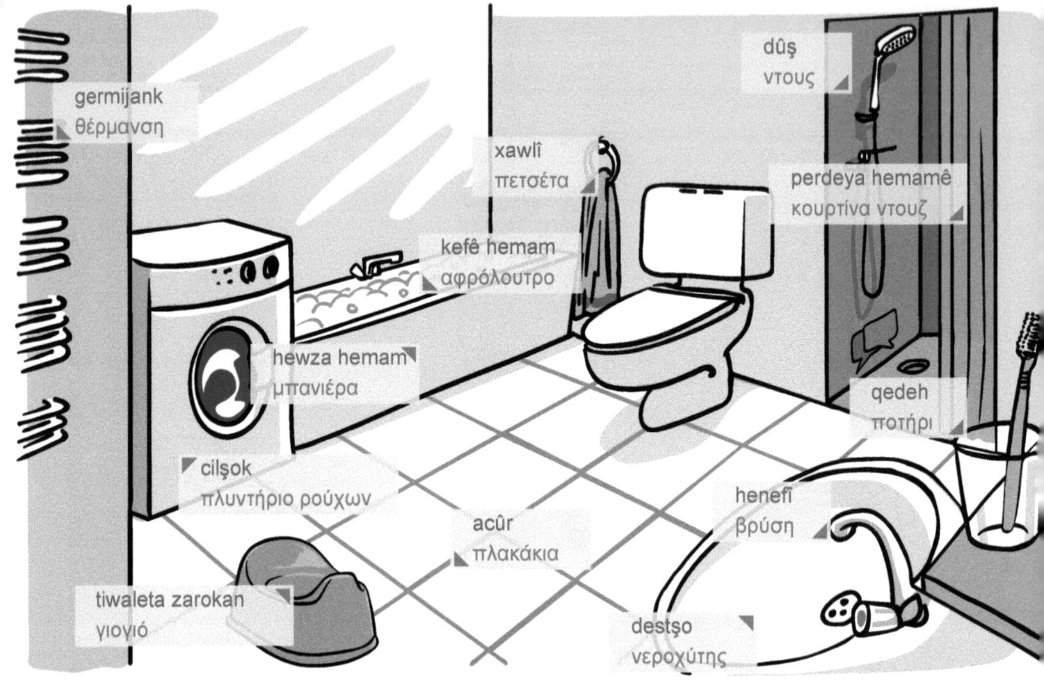

dûş
ντους
germijank
θέρμανση
xawlî
πετσέτα
perdeya hemamê
κουρτίνα ντουζ
kefê hemam
αφρόλουτρο
hewza hemam
μπανιέρα
qedeh
ποτήρι
cilşok
πλυντήριο ρούχων
henefî
βρύση
acûr
πλακάκια
tiwaleta zarokan
γιογιό
destşo
νεροχύτης

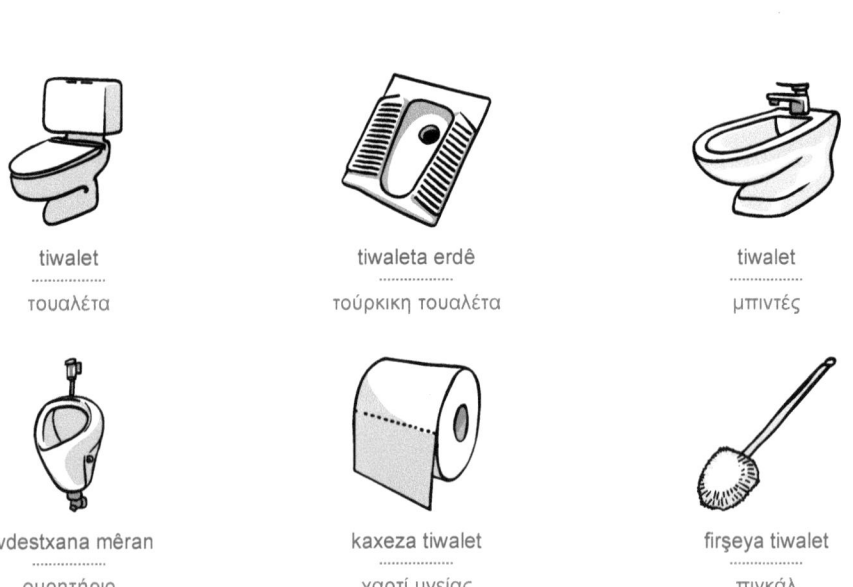

tiwalet
τουαλέτα

tiwaleta erdê
τούρκικη τουαλέτα

tiwalet
μπιντές

avdestxana mêran
ουρητήριο

kaxeza tiwalet
χαρτί υγείας

firşeya tiwalet
πιγκάλ

firçeya diran
οδοντόβουρτσα

mecûna diran
οδοντόκρεμα

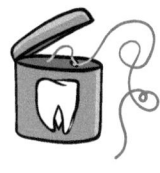

nexa didan
οδοντικό νήμα

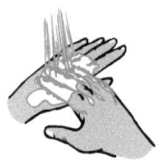

şûştin
πλένω

dûşê destê
τηλέφωνο ντους

dûş
ντουσιέρα

destşo
λεκάνη

firça pişt
βούρτσα πλάτης

sabûn
σαπούνι

cêlê hemam
αφρόλουτρο

şampo
σαμπουάν

fanîle
φανέλα

zêrab
σιφόνι

kirêm
κρέμα

bêhn xweşkir
αποσμητικό

mirêk
καθρέφτης

mirêka destê
καθρέφτης χειρός

gûzan
ξυραφάκι

kefê teraşînê
αφρός ξυρίσματος

mecûna piştî teraşînê
αφτερσέιβ

şeh
χτένα

firçe
βούρτσα

por hîşikkir
σεσουάρ

sipraya porê
λακ

kozmetîk
μακιγιάζ

soravk
κραγιόν

rengê nînok
βερνίκι νυχιών

pembû
βαμβάκι

meqesta nînok
ψαλίδι νυχιών

parfûm
άρωμα

hemam - μπάνιο

çewalê hemamê

νεσεσέρ

kursiya bêpişt

σκαμπό

terazî

ζυγαριά

kinca hemamê

μπουρνούζι

lepika lastîkê

ελαστικά γάντια

tampon

ταμπόν

xawliya paqijkirinê

πετσέτα υγιεινής

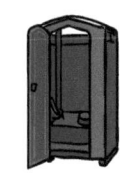

tiwaleta kîmîyewî

χημική τουαλέτα

odeya zarok

παιδικό δωμάτιο

demjimêrk
ξυπνητήρι
lîstok
λούτρινο ζωάκι
maşîna lîstok
αυτοκινητάκι
xişxişok
κουδουνίστρα
mala lîstok
κουκλόσπιτο
xelat
δώρο

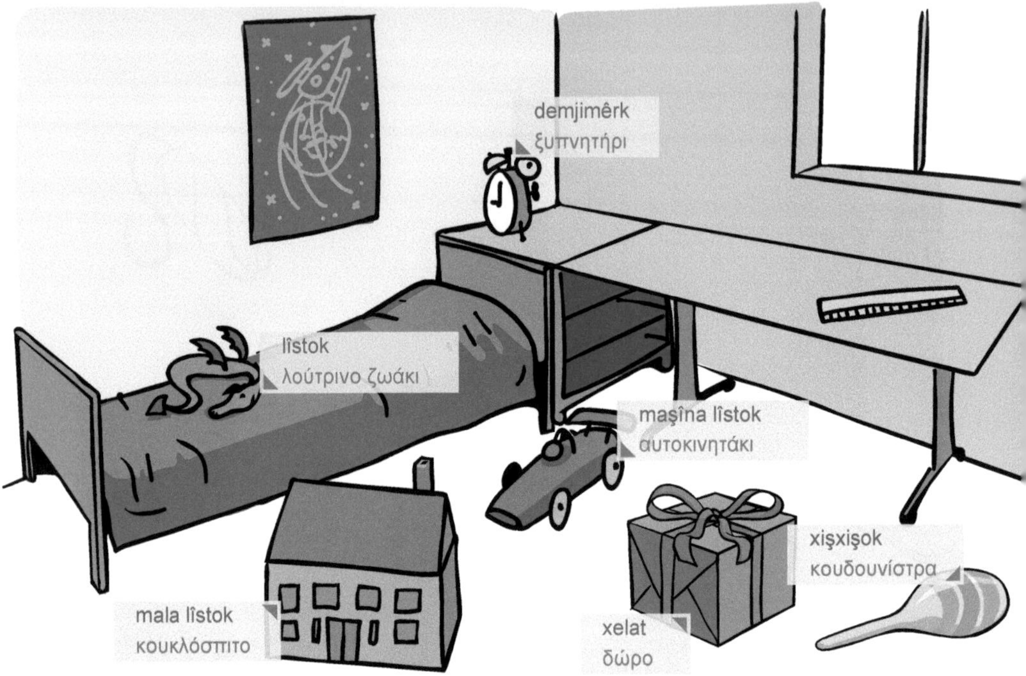

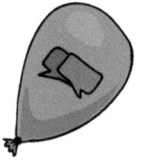

pifdank

μπαλόνι

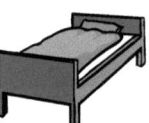

nivîn

κρεβάτι

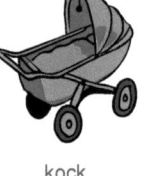

koçk

καροτσάκι

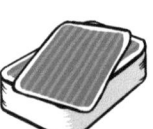

lîstika kartê

τράπουλα

frîzbî

παζλ

SUPER MEGA

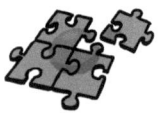

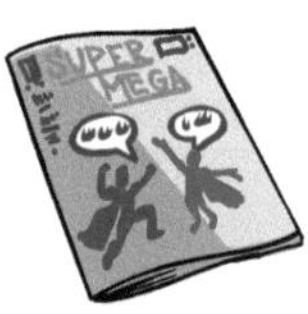

komîk

κόμικς

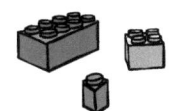

acûra lêgo

τουβλάκια lego

acûra lîstok

τουβλάκια κατασκευών

bûke şûşe

φιγούρα δράσης

kinca bebikan

βρεφικό φορμάκι

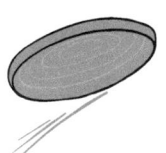

frizbee

φρίσμπι

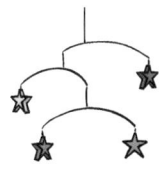

veguhestin

μόμπιλο

lîstikên texte

επιτραπέζιο παιχνίδι

mor

ζάρια

modêla trênê

σετ τρενάκι

memik

πιπίλα

cejn

πάρτι

kitêba wêne

εικονογραφημένο βιβλίο

top

μπάλα

bûke şûşe

κούκλα

leyîstin

παίζω

kuna xîzê

σκάμμα με άμμο

colane

κούνια

lîstokan

παιχνίδια

lîstika vîdeoyî

κονσόλα βιντεοπαιχνιδιών

sêçerxe

τρίκυκλο

hirça lîstok

αρκουδάκι

cildank

ντουλάπα

kinc

ρούχα

gore

κάλτσες

gore

καλτσοδέτες

derpêgorê

καλσόν

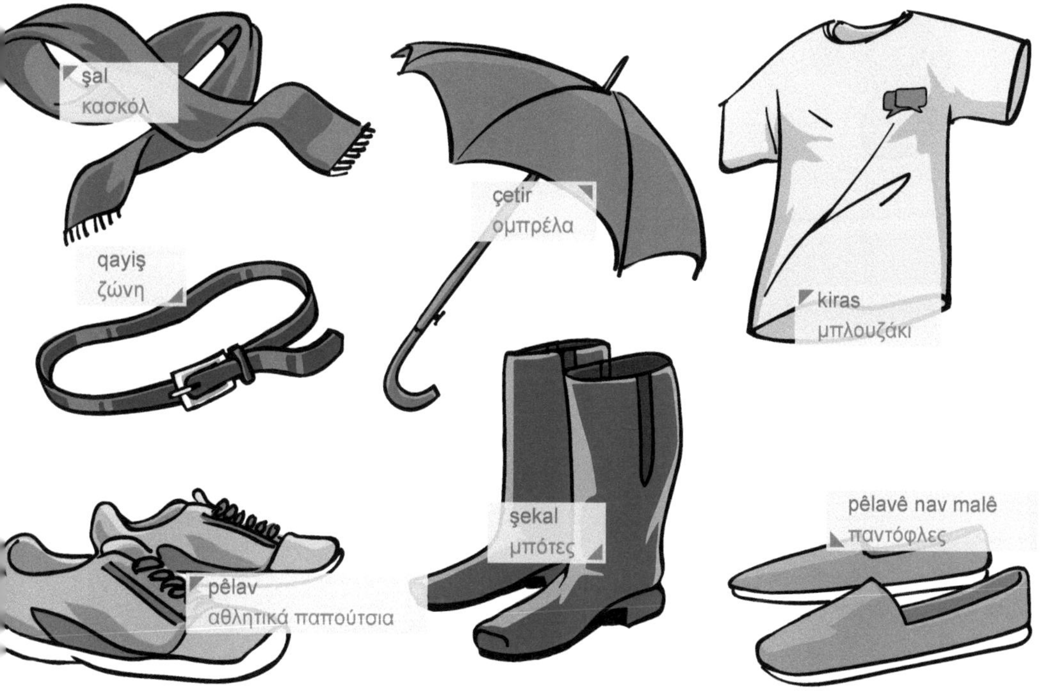

şal
κασκόλ

çetir
ομπρέλα

kiras
μπλουζάκι

qayiş
ζώνη

şekal
μπότες

pêlavê nav malê
παντόφλες

pêlav
αθλητικά παπούτσια

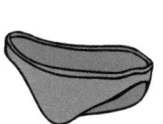

solik
σανδάλια

sol
παπούτσια

potîna çermê
γαλότσες

pantolê jêr
εσώρουχο

pêsîrbend
σουτιέν

çekbend
φανέλα

kinc - ρούχα

cendek

σώμα

pantol

παντελόνι

jeans

τζιν παντελόνι

daman

φούστα

kiras

μπλούζα

kiras

πουκάμισο

fanêle

πουλόβερ

fanêle

πουλόβερ

cakêt

σακάκι

sako

μπουφάν

çaket

παλτό

baranî

αδιάβροχο πανωφόρι

lebas

κοστούμι

fîstan

φόρεμα

cilê dawetê

νυφικό

kinc - ρούχα

kostum
κοστούμι

pêcame
νυχτικό

pêcame
πιτζάμες

saree
σάρι

leçik
μαντήλι

mêzer
τουρμπάνι

hêram
μπούρκα

kaftan
καφτάνι

eba
μουσουλμανικό ένδυμα

kinca ajnêkirin
ολόσωμο μαγιό

cilka melevanî
ανδρικό μαγιό

şort
σορτς

cila hêvojkarî
αθλητική φόρμα

pêşmal
ποδιά

lepik
γάντια

dûgme

κουμπί

berçavik

γυαλιά

bazin

βραχιόλι

gerdenî

περιδέραιο

gustîl

δαχτυλίδι

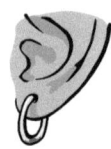

guhark

σκουλαρίκι

devik

καπέλο

hilavistek

κρεμάστρα

kûm

καπέλο

kirawat

γραβάτα

zîp

φερμουάρ

serparêz

κράνος

derzî

τιράντες

kinca dibistanê

μαθητική στολή

yûnîform

στολή

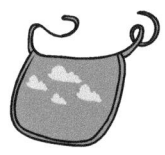

berdilk

σαλιάρα

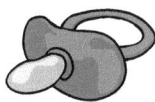

memik

πιπίλα

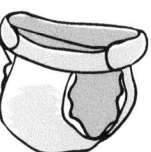

pundax

πάνα

ofîs

γραφείο

pêşkeşker
σέρβερ
dolabê belge
αρχειοθήκη
kaxez
χαρτί
çaper
εκτυπωτής
nîşander
οθόνη
mase
γραφείο
mişk
ποντίκι
defter
ντοσιέ
klavye
πληκτρολόγιο
sepeta kaxezê
καλάθι αχρήστων
komputer
υπολογιστής
kursî
καρέκλα

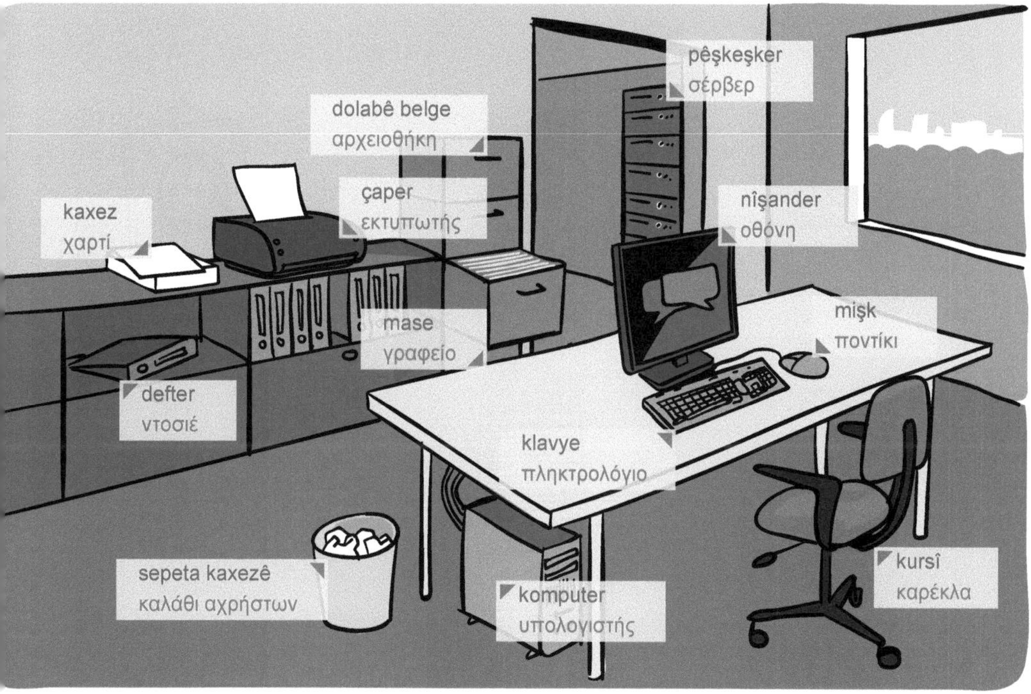

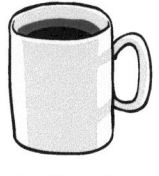

kasika qehwe

κούπα του καφέ

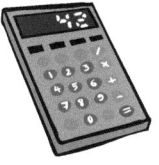

hesabker

κομπιουτεράκι

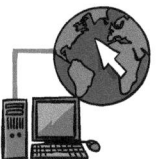

înternet

ίντερνετ

komputera laptop

λάπτοπ

name

γράμμα

peyam

μήνυμα

telefona mobîl

κινητό

tor

δίκτυο

mekîna fotokopî

φωτοτυπικό μηχάνημα

software

λογισμικό

telefon

τηλέφωνο

socketa fîşek

πρίζα

mekîna faxê

συσκευή φαξ

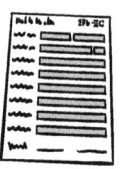

form

έντυπο

belge

έγγραφο

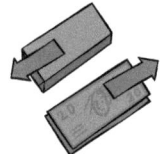

standin

αγοράζω

pere dan

πληρώνω

bazirganî

συναλλάσσομαι

pere

χρήματα

dollar

δολάριο

yoro

ευρώ

yenê Japonê

γιεν

roblê Rûsî

ρούβλι

firankê Swîsê

ελβετικό φράγκο

yuanê Çînê

ρενμίνμπι γιουάν

rûpee Hindî

ρουπία

mekîna jixwebera dirav

ATM (αυτόματη ταμειακή μηχανή)

ofîsa pere veguhartinê

ανταλλακτήρια
συναλλάγματος

zêrr

χρυσός

zîv

ασήμι

neft

πετρέλαιο

wize

ενέργεια

biha

τιμή

peyman

συμβόλαιο

tax

φόρος

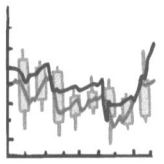

seham

μετοχή

karkirin

δουλεύω

karker

υπάλληλος

karda

εργοδότης

fabrîka

εργοστάσιο

dikan

κατάστημα

profesyon
επαγγέλματα

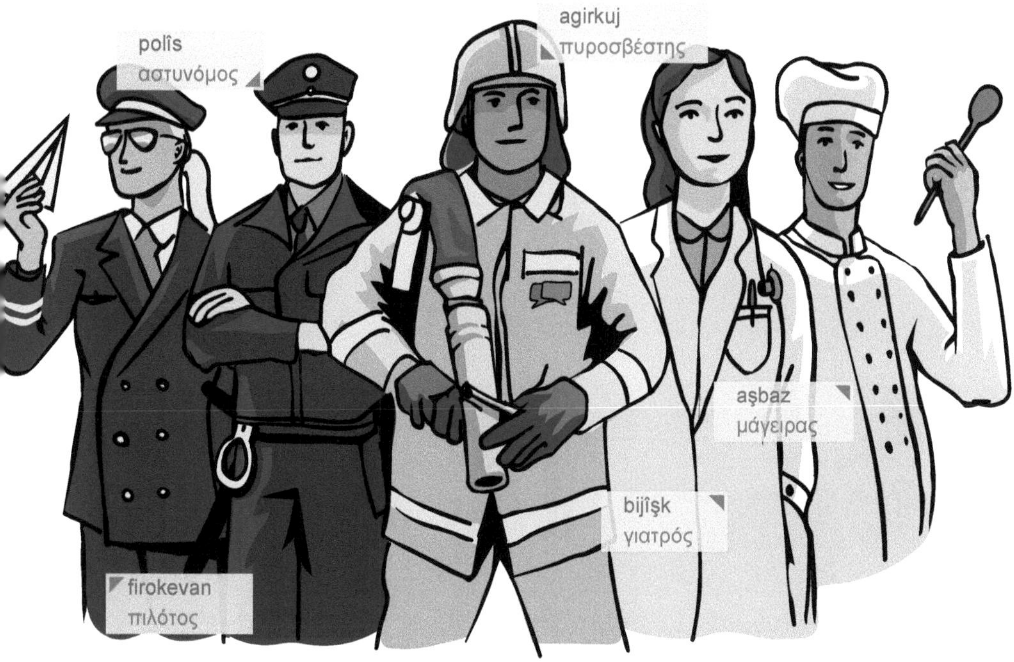
polîs
αστυνόμος
agirkuj
πυροσβέστης
aşbaz
μάγειρας
bijîşk
γιατρός
firokevan
πιλότος

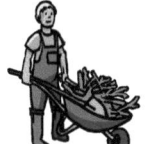

baxçevan
....
κηπουρός

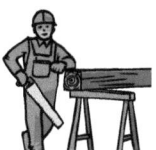

necar
....
ξυλουργός

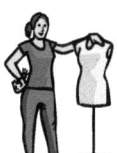

dirûnvan
....
μοδίστρα

hakim
....
δικαστής

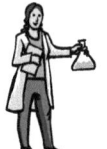

şîmyazan
....
χημικός

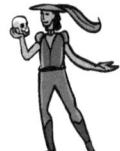

şanoger
....
ηθοποιός

şufêrê basê
οδηγός λεωφορείου

şufêrekî taksiyê
ταξιτζής

masîvan
ψαράς

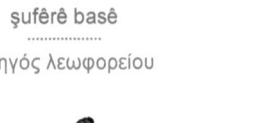

pagijker
καθαρίστρια

çêkirê banî
τεχνίτης στεγών

berkar
σερβιτόρος

nêçirvan
κυνηγός

rengrês
ζωγράφος

nanpêj
αρτοποιός

karebavan
ηλεκτρολόγος

avaker
οικοδόμος

endezyar
μηχανολόγος

qesab
κρεοπώλης

lûlekar
υδραυλικός

postevan
ταχυδρόμος

profesyon - επαγγέλματα

esker

στρατιώτης

mîmar

αρχιτέκτονας

diravgir

ταμίας

firotkara çîçekan

ανθοπώλης

porçêker

κομμωτής

ajovan

ελεγκτής εισιτηρίων

mekanîk

μηχανικός

keştîvan

καπετάνιος

pizîşka didanan

οδοντίατρος

zanistyar

επιστήμονας

rûhan

ραβίνος

îmam

ιμάμης

keşe

μοναχός

keşîş

ιερέας

amûran

εργαλεία

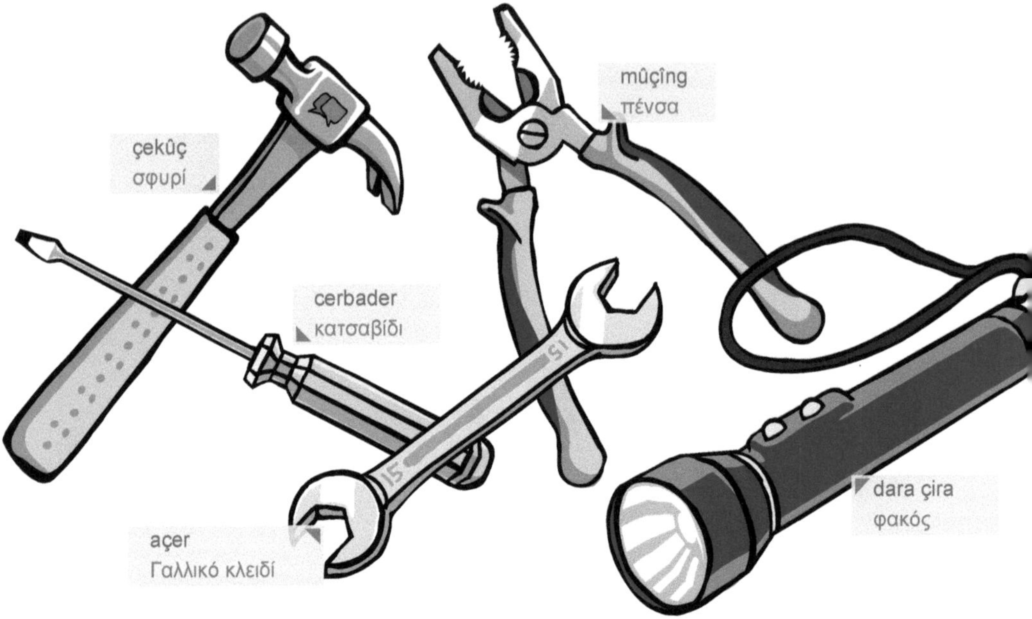

mûçîng
πένσα
çekûç
σφυρί
cerbader
κατσαβίδι
dara çira
φακός
açer
Γαλλικό κλειδί

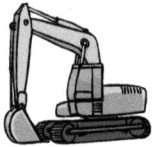

şofel

εκσκαφέας

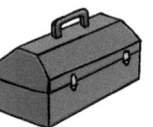

qûtiya amûran

εργαλειοθήκη

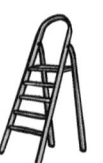

peyje

σκάλα

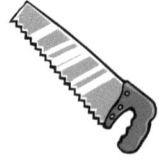

mişar

πριόνι

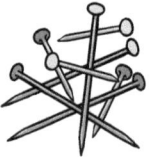

mîx

καρφιά

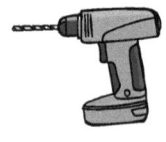

qulkirin

τρυπάνι

çêkirin

επισκευάζω

merbêr

φτυάρι

nalet!

Να πάρει!

bêl

φαράσι

qûtiya rengê

δοχείο χρωμάτων

cerr

βίδες

amûrên mûzîkê
μουσικά όργανα

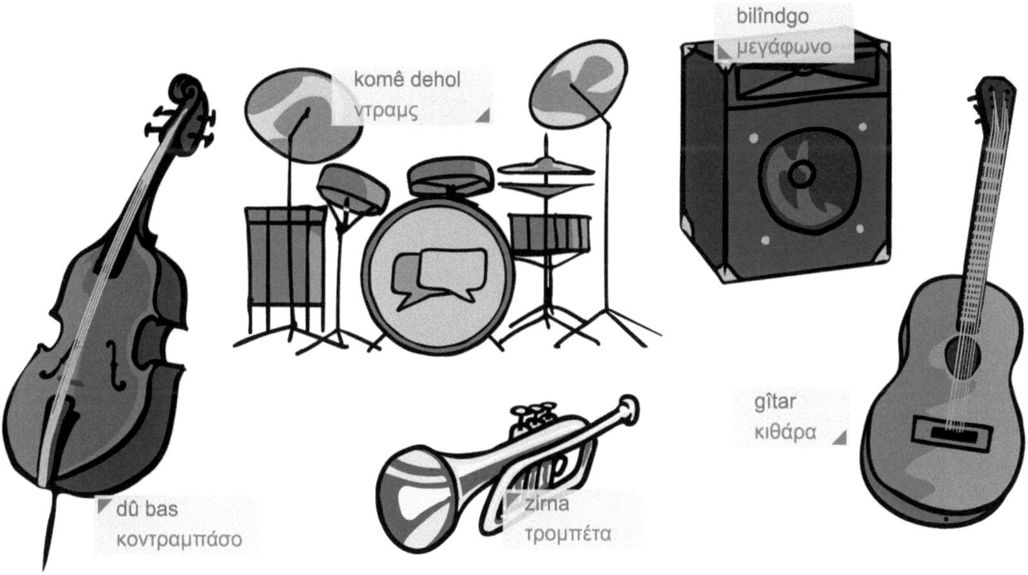

komê dehol
ντραμς

bilîndgo
μεγάφωνο

gîtar
κιθάρα

dû bas
κοντραμπάσο

zirna
τρομπέτα

piyano

πιάνο

viyolîn

βιολί

bas

μπάσο

dehol

τύμπανα

dahol

τύμπανο

keyboard

πλήκτρα

saksofon

σαξόφωνο

bilûr

φλάουτο

mîkrofon

μικρόφωνο

baxça heywanan
ζωολογικός κήπος

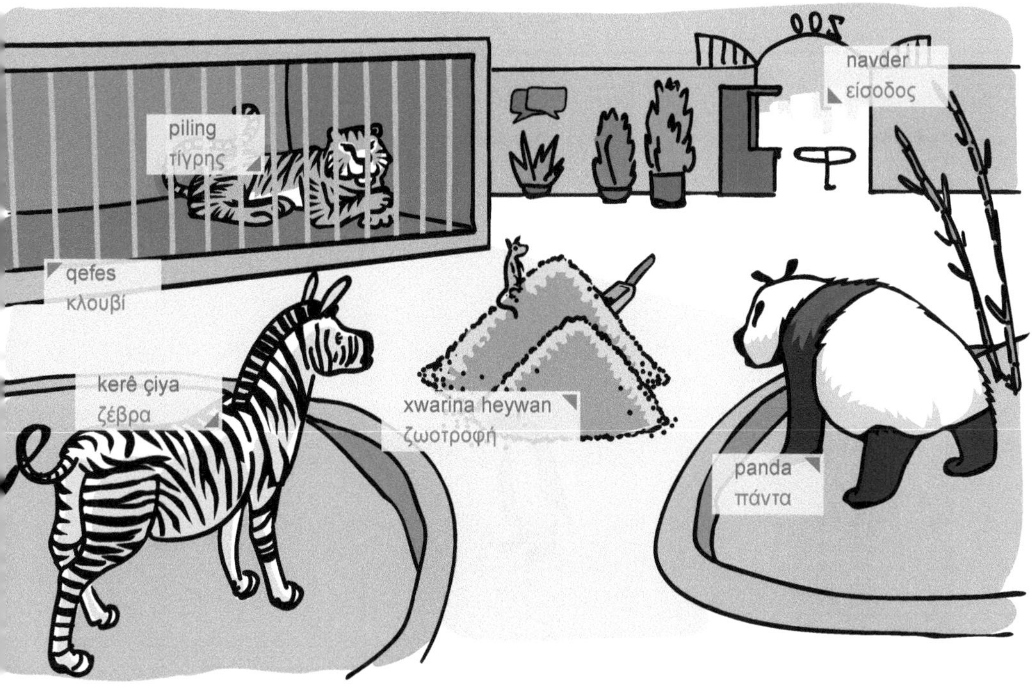

piling
τίγρης
navder
είσοδος
qefes
κλουβί
kerê çiya
ζέβρα
xwarina heywan
ζωοτροφή
panda
πάντα

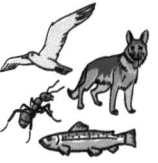

heywan

ζώα

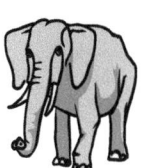

fîl

ελέφαντας

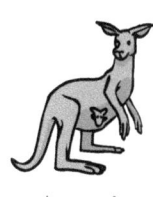

kangarû

καγκουρό

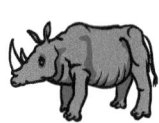

kerkeden

ρινόκερος

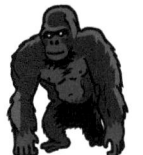

gorîl

γορίλας

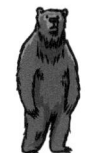

hirç

αρκούδα

hêştir
καμήλα

hêştirme
στρουθοκάμηλος

şêr
λιοντάρι

meymûn
πίθηκος

flamîngo
φλαμίνγκο

papaxan
παπαγάλος

hirça cemserî
πολική αρκούδα

penguîn
πιγκουίνος

semasî
καρχαρίας

tawûs
παγώνι

mar
φίδι

timsah
κροκόδειλος

parêzera baxça ajalan
φύλακας ζωολογικού κήπου

seya derya
φώκια

piling
τζάγκουαρ

hesp

πόνυ

piling

λεοπάρδαλη

hespê rûbar

ιπποπόταμος

canhêştir

καμηλοπάρδαλη

helo

αετός

berazê kovî

αγριογούρουνο

masî

ψάρι

kûsî

χελώνα

walras

θαλάσσιος ίππος

rovî

αλεπού

xezal

γαζέλα

fûtbolê Amerîka
Αμερικάνικο ποδόσφαιρο

bisiklêtan
ποδηλασία

tenîs
αντισφαίριση

baskêtbol
μπάσκετ

avjenîkirin
κολύμβηση

boxing
πυγμαχία

hokeya ser cemedê
χόκεϋ επί πάγου

fûtbol
ποδόσφαιρο

badminton
μπάντμιντον

yê atletîzmê
στίβος

hendbol
χάντμπολ

befirajotin
σκι

polo
πόλο

çalakiyan
δραστηριότητες

kenîn
γελάω
hilpeke
πηδάω
hembêz
αγκαλιάζω
birêveçûn
περπατάω
lawje gutin
τραγουδάω
xewn dîtin
ονειρεύομαι
nimêj kirin
προσεύχομαι
maçkirin
φιλάω

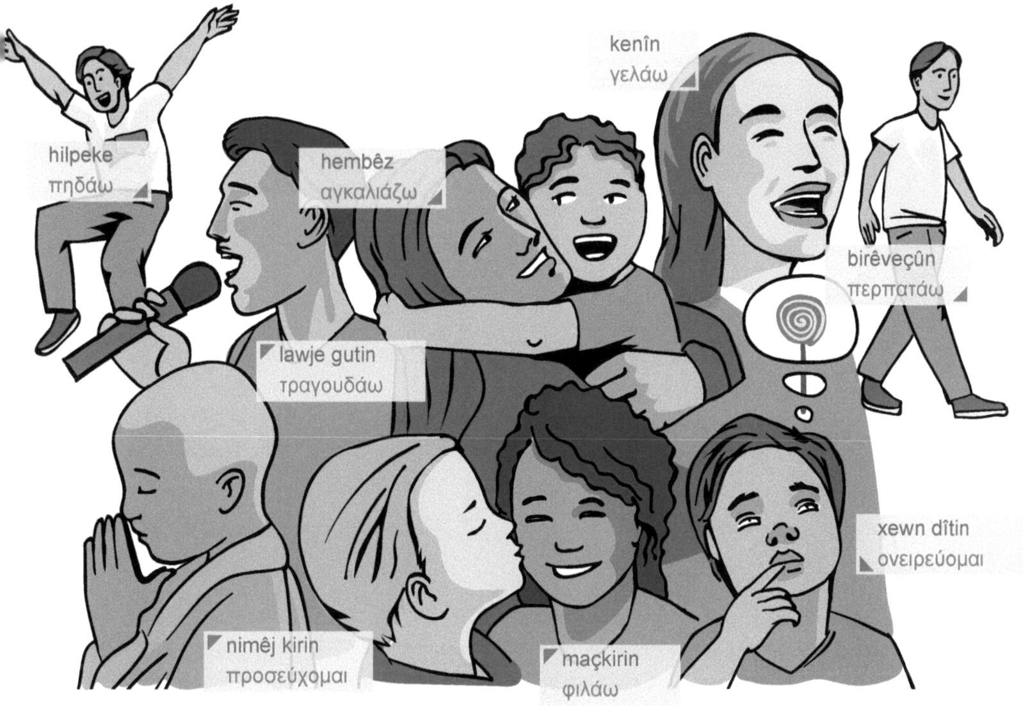

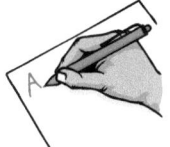

nivîsandin

γράφω

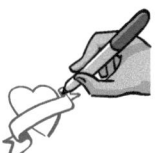

nîgar kêşan

σχεδιάζω

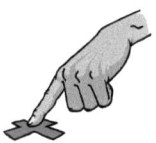

nîşan dan

δείχνω

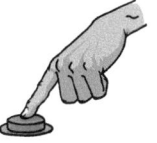

paldan

πιέζω

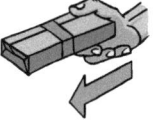

dayîn

δίνω

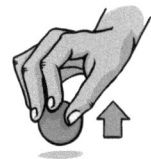

rakirin

παίρνω

heyîn

έχω

kirin

κάνω

bûn

είμαι

sekinîn

στέκομαι

bazdan

τρέχω

kişandin

τραβάω

avêtin

ρίχνω

ketin

πέφτω

derew kirin

ξαπλώνω

sekinîn

περιμένω

guhêztin

κουβαλώ

rûniştin

κάθομαι

cil berkirin

φοράω

razan

κοιμάμαι

rabûn

ξυπνάω

mêze kirin
κοιτάω

girîn
κλαίω

celte
χαϊδεύω

şe kirin
χτενίζω

peyvîn
μιλάω

famkirin
καταλαβαίνω

pirskirin
ρωτάω

bihîstin
ακούω

vexwarin
πίνω

xwarin
τρώω

kom kirin
συγυρίζω

hezkirin
αγαπάω

xwarin çêkirin
μαγειρεύω

ajotin
οδηγώ

firrîn
πετάω

kesştîvanî

κάνω ιστιοπλοΐα

hesibandin

υπολογίζω

xwandin

διαβάζω

hînbûn

μαθαίνω

karkirin

δουλεύω

zewicîn

παντρεύομαι

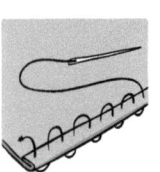

dirûtin

ράβω

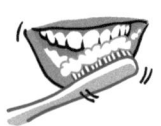

didan şûtin

βουρτσίζω τα δόντια

kuştin

σκοτώνω

dûxan

καπνίζω

şandin

στέλνω

malbat
οικογένεια

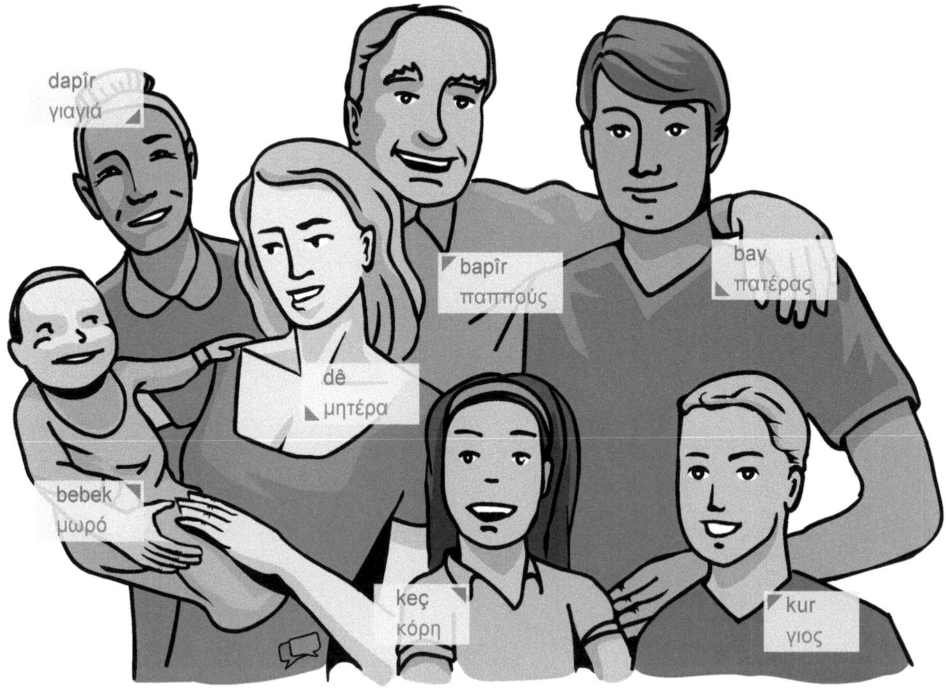

dapîr
γιαγιά
bapîr
παππούς
bav
πατέρας
dê
μητέρα
bebek
μωρό
keç
κόρη
kur
γιος

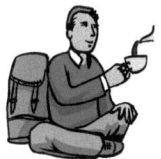

mêvan

καλεσμένος

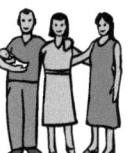

met

θεία

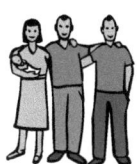

ap/xal

θείος

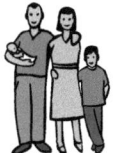

bira

αδελφός

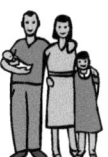

xwişl

αδελφή

beden

σώμα

enî
μέτωπο
çav
μάτι
rû
πρόσωπο
zenî
πιγούνι
tilî
δάχτυλο
dest
χέρι
sîng
στήθος
pîl
βραχίονας
mil
ώμος
ling
πόδι

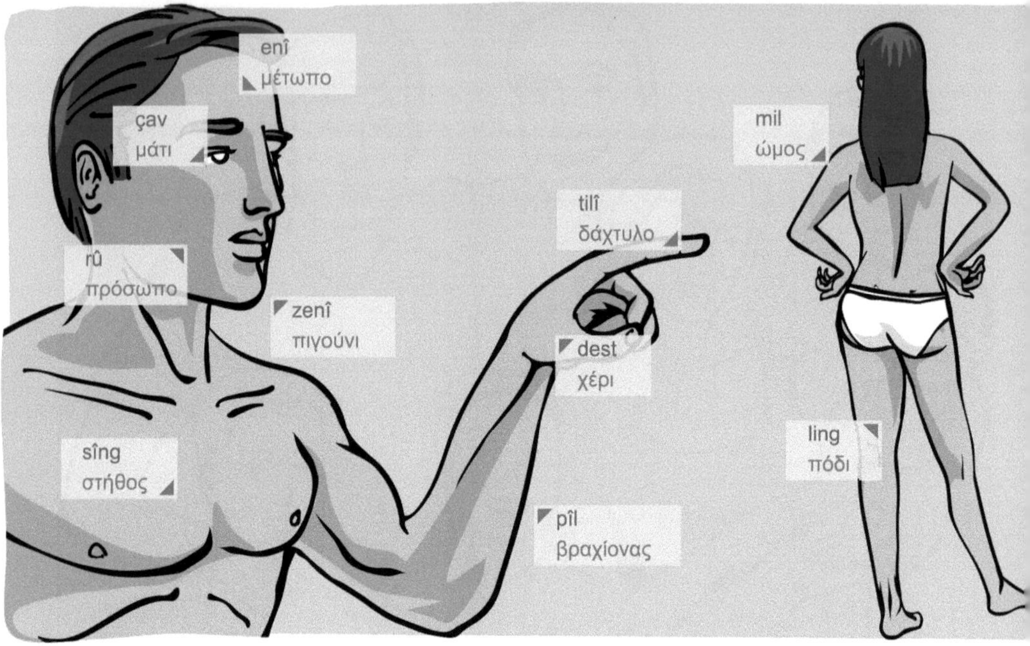

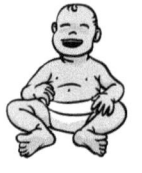

bebek

μωρό

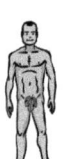

mêr

άνδρας

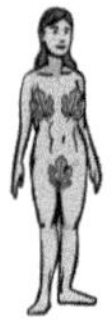

jin

γυναίκα

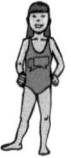

keç

κορίτσι

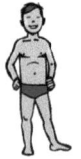

kor

αγόρι

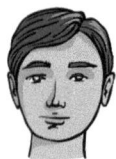

ser

κεφάλι

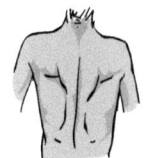

pişt
πλάτη

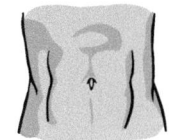

zik
κοιλιά

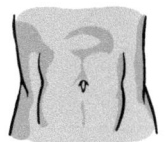

navik
αφαλός

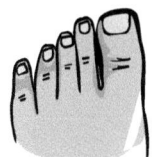

tilîya pê
δάχτυλο ποδιού

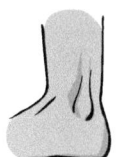

panî
φτέρνα

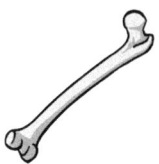

hestî
κόκκαλο

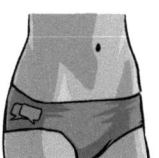

kûlîmek
γοφός

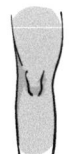

jûnî
γόνατο

enîşk
αγκώνας

difn
μύτη

qûn
γλουτός

çerm
δέρμα

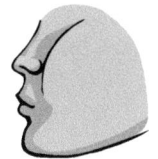

rû
μάγουλο

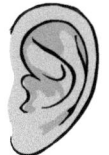

gûh
αυτί

lêv
χείλος

dev

στόμα

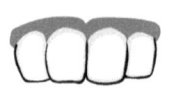

diran

δόντι

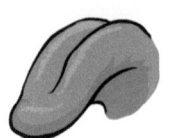

ziman

γλώσσα

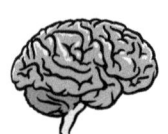

mêjî

εγκέφαλος

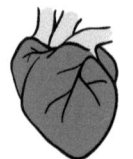

dil

καρδιά

masûl

μυς

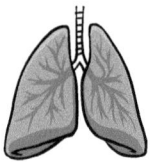

cîgera spî

πνεύμονας

ceger

συκώτι

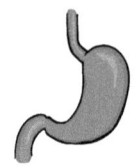

made

στομάχι

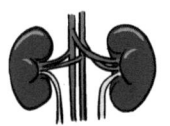

gûrçikan

νεφρά

cotbûn

σεξουαλική επαφή

kondom

προφυλακτικό

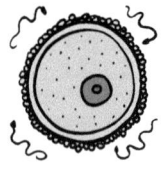

hêk

ωάριο

tov

σπέρμα

dûcanî

εγκυμοσύνη

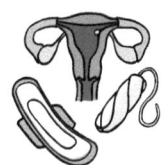

ade

περίοδος

qûz

γυναικείος κόλπος

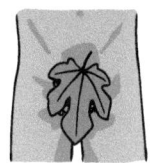

kîr

πέος

birû

φρύδι

por

μαλλιά

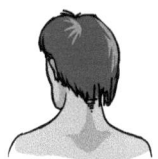

hûstû

λαιμός

nexweşxane
νοσοκομείο

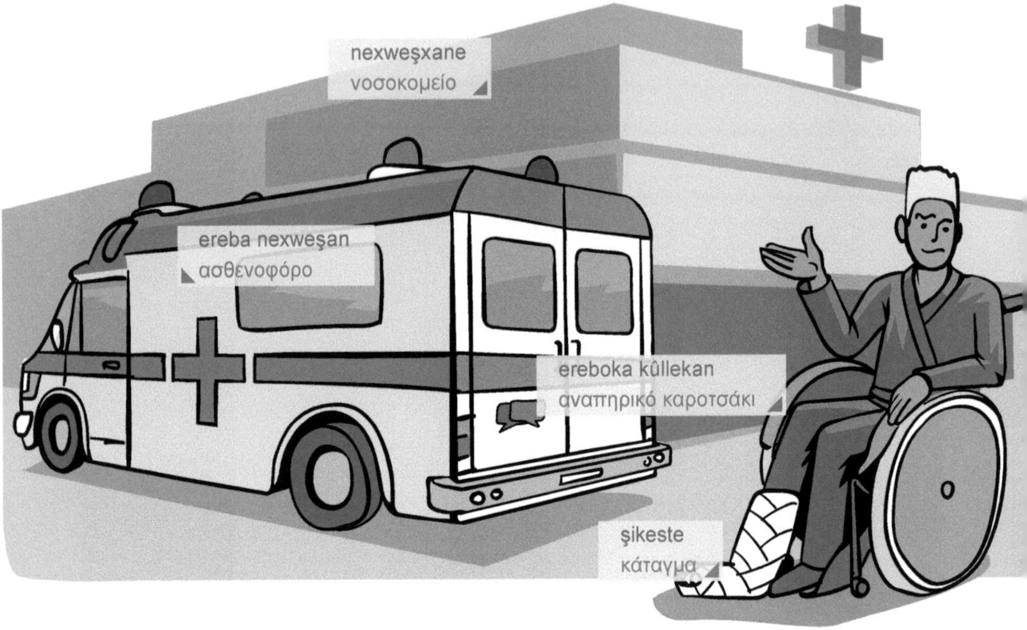

nexweşxane
νοσοκομείο
ereba nexweşan
ασθενοφόρο
ereboka kûllekan
αναπηρικό καροτσάκι
şikeste
κάταγμα

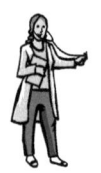

bijîşk

γιατρός

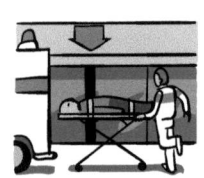

oda lezgînê

μονάδα εντατικής θεραπείας

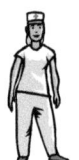

nexweşyar

νοσοκόμα

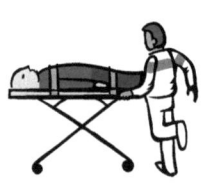

acîlîyet

έκτακτη ανάγκη

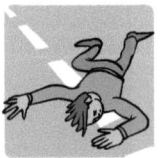

bêhay

λιπόθυμος

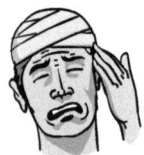

êş

πόνος

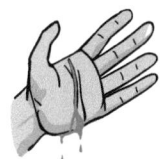

birîn

τραύμα

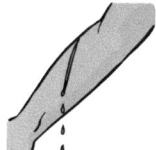

xwînpijan

αιμορραγία

hêrişa dilî

έμφραγμα

celte

εγκεφαλικό

alerjî

αλλεργία

kuxik

βήχας

ta

πυρετός

zikam

γρίπη

navçûyin

διάρροια

serêş

πονοκέφαλος

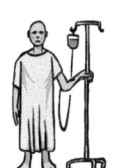

qansêr

καρκίνος

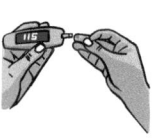

nexweşiya şekirê

διαβήτης

emelîkar

χειρουργός

skalpêl

νυστέρι

emelî

εγχείρηση

CT

αξονική τομογραφία

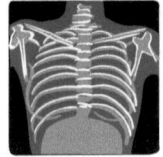

sûretê rontgên

ακτινογραφία

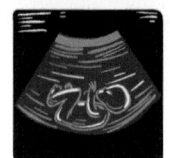

ûltrasawnd

υπέρηχος

maskê rûyê

μάσκα

nexweşî

ασθένεια

oda sekinînê

αίθουσα αναμονής

goçan

πατερίτσα

şêl

χάνσαπλαστ

paçê birînpêçanê

επίδεσμος

derzî

ένεση

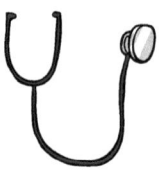

bîstoka pizîşkî

στηθοσκόπιο

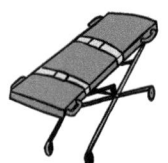

darbest

φορείο

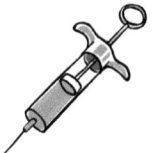

têhnpîva klînîkê

θερμόμετρο

zayîn

γέννηση

qelew

υπέρβαρο

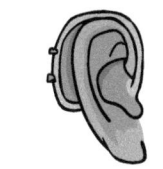

alîkariya bihîstinê

ακουστικό βαρηκοΐας

bakterîkuj

αντισηπτικό

kotîbûn

λοίμωξη

vîrûs

ιός

HIV / AIDS

HIV/AIDS

derman

φάρμακο

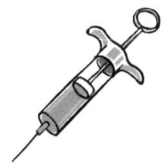

kutan

εμβολιασμός

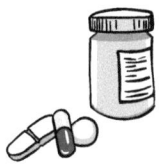

heban

δισκία

heb

χάπι

lezgîn

κλήση έκτακτης ανάγκης

dîmenderê pesto xwîn

πιεσόμετρο αίματος

nexweş / sax

άρρωστος / υγιής

Hewar!
Βοήθεια!

alarm
συναγερμός

êrîş
βιαιοπραγία

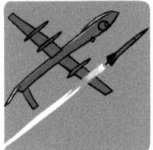

êrîşkirin
επίθεση

talûk
κίνδυνος

derketina acil
έξοδος κινδύνου

agir!
Φωτιά!

agir vemirandinê
πυροσβεστήρας

qeza
ατύχημα

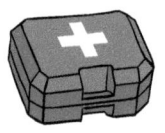

aletên alîkariya yekem
κουτί πρώτων βοηθειών

SOS
SOS

polîs
αστυνομία

Ewropa

Ευρώπη

Amerîkaya Bakûr

Βόρεια Αμερική

Amerîkaya Başûr

Νότια Αμερική

Afrîka

Αφρική

Asya

Ασία

Awustralya

Αυστραλία

Atlantîk

Ατλαντικός Ωκεανός

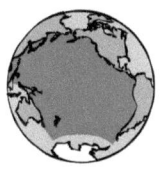

Okyanûsa Mezin

Ειρηνικός Ωκεανός

Okyanûsa Hindî

Ινδικός Ωκεανός

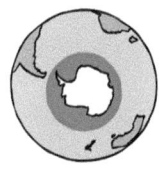

Okyanûsa Antarktîka

Ανταρκτικός Ωκεανός

Okyanûsa Arktîk

Αρκτικός Ωκεανός

Cemsera Bakûr

Βόρειος Πόλος

Cemsera Başûr

Νότιος Πόλος

Antarktîka

Ανταρκτική

erd

Γη

ax

γη

behir

θάλασσα

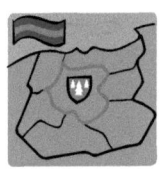

dûrge

νησί

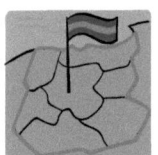

milllet

έθνος

welat

πολιτεία

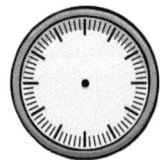

rûyê saet

καντράν ρολογιού

nişanderka demjimêr

ωροδείκτης

nişanderka deqe

λεπτοδείκτης

nişanderka saniye

δείκτης δευτερολέπτων

Seet çende?

Τι ώρα είναι;

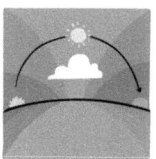

roj

ημέρα

dem

χρόνος

niha

τώρα

saetê dicîtal

ψηφιακό ρολόι

deqe

λεπτό

seet

ώρα

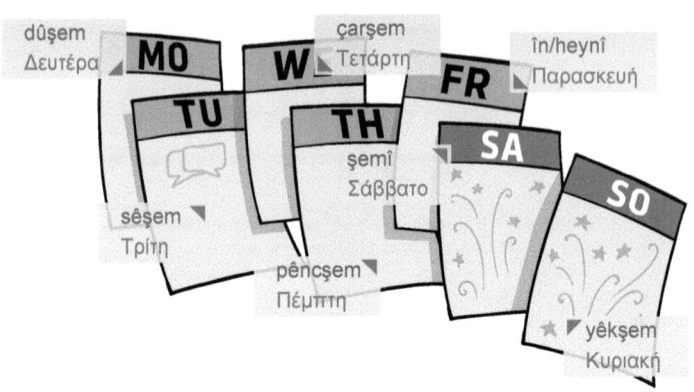

dûşem / Δευτέρα
çarşem / Τετάρτη
în/heynî / Παρασκευή
sêşem / Τρίτη
şemî / Σάββατο
pêncşem / Πέμπτη
yêkşem / Κυριακή

duh

χθες

îro

σήμερα

sibey

αύριο

sibe

πρωί

nîvro

μεσημέρι

êvar

βράδυ

rojên karê

εργάσιμες ημέρες

dawiya hefte

Σαββατοκύριακο

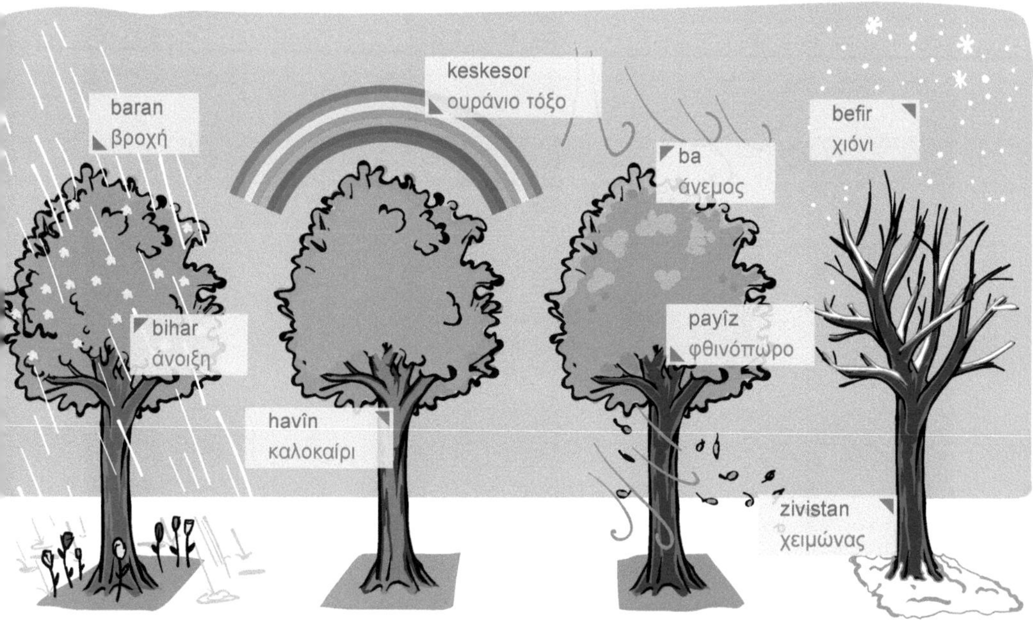

baran
βροχή
keskesor
ουράνιο τόξο
befir
χιόνι
ba
άνεμος
bihar
άνοιξη
payîz
φθινόπωρο
havîn
καλοκαίρι
zivistan
χειμώνας

4.APRIL 11°
5.APRIL 4°
6.APRIL 13°
7.APRIL 8°
8.APRIL 10°

pêşbîniya hewa

πρόγνωση καιρού

F C
120 40
90 30
60 20
30 10
0 0
-30 -10
-20

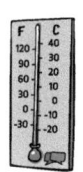

tehnpîv

θερμόμετρο

tav

λιακάδα

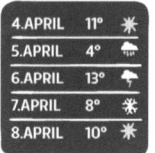

hewr

σύννεφο

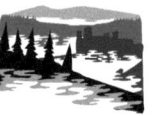

mij

ομίχλη

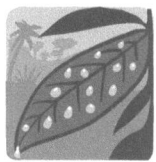

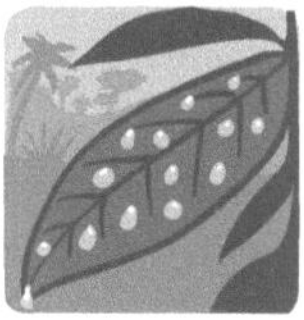

hêmî

υγρασία

birq

αστραπή

brûsk

κεραυνός

tofan

καταιγίδα

terg

χαλάζι

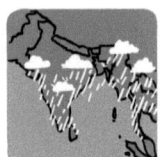

mansûn

μουσώνας

lehî

πλημμύρα

cemed

πάγος

rêbendan

Ιανουάριος

reşeme

Φεβρουάριος

newroz

Μάρτιος

gulan

Απρίλιος

cozerdan

Μάιος

pûşper

Ιούνιος

gelawêj

Ιούλιος

xermanan

Αύγουστος

sal - έτος

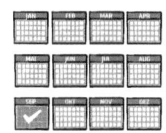

rezber

Σεπτέμβριος

kewçêr

Οκτώβριος

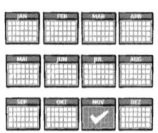

sermawez

Νοέμβριος

befranbar

Δεκέμβριος

çember

κύκλος

çarçik

τετράγωνο

çarqozî

ορθογώνιο
παραλληλόγραμμο

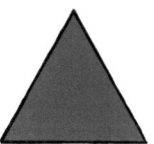

sêqozî

τρίγωνο

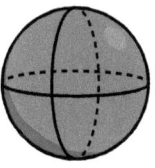

qada

σφαίρα

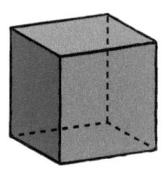

xiştek

κύβος

sipî

άσπρο

zer

κίτρινο

pirteqalî

πορτοκαλί

pembe

ροζ

sor

κόκκινο

mor

μωβ

şîn

μπλε

kesik

πράσινο

qehweyî

καφέ

gewr

γκρι

reş

μαύρο

zor / kêm

πολύ / λίγο

bi hêrs / bêdeng

θυμωμένος / ήρεμος

bedew / nerind

όμορφος / άσχημος

destpêk / dawî

αρχή / τέλος

mezin / biçûk

μεγάλος / μικρός

ronî / tarî

φωτεινός / σκοτεινός

brak / xwişk

αδελφός / αδελφή

pagij / girêj

καθαρός / λερωμένος

tevî / netemam

πλήρης / ατελής

roj / şev

ημέρα / νύχτα

mirî / zindî

νεκρός / ζωντανός

fire / teng

φαρδύς / στενός

xweş / nexweş

βρώσιμος / μη βρώσιμος

nebaş / baş

κακός / ευγενικός

bi heyecan / aciz

ενθουσιασμένος /
βαριεστημένος

qelew / zirav

παχύς / λεπτός

yekemîn / dawîn

πρώτος / τελευταίος

heval / dijmin

φίλος / εχθρός

tijî / vala

γεμάτος / άδειος

req / nerm

σκληρός / μαλακός

giran / sivik

βαρύς / ελαφρύς

birçî / tînî

πείνα / δίψα

nexweş / sax

άρρωστος / υγιής

neqanûnî / qanûnî

παράνομος / νόμιμος

rewşenbîr / balûle

έξυπνος / χαζός

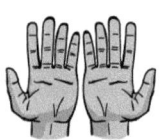

çep / rast

αριστερός / δεξιός

nêzî / dûr

κοντινός / μακρινός

nû / bikarhatî

καινούριος / μεταχειρισμένος

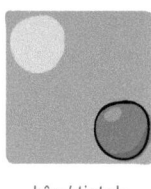

hîç / tiştek

τίποτα / κάτι

kal / ciwan

γέρος | νέος

li / ji

αναμμένος / σβηστός

vekirî / girtî

ανοιχτός / κλειστός

aram / dengbilind

χαμηλόφωνος / μεγαλόφωνος

dewlemend / reben

πλούσιος / φτωχός

rast / şaş

σωστός / λανθασμένος

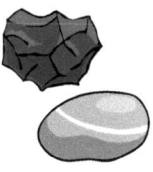

dirr / hilû

τραχύς / λείος

xemgîn / şa

λυπημένος / χαρούμενος

kurt / dirêj

κοντός / μακρύς

hêdî / zû

αργός / γρήγορος

şil / ziwa

υγρός / στεγνός

germ / hênik

ζεστός / δροσερός

şerr / aşitî

πόλεμος / ειρήνη

0

sifir

μηδέν

1

yek

ένα

2

dû

δύο

3

sê

τρία

4

çar

τέσσερα

5

pênc

πέντε

6

şeş

έξι

7

heft

εφτά

8

heşt

οκτώ

9

neh

εννιά

10

deh

δέκα

11

yazde

έντεκα

12

dazde
δώδεκα

13

sêzde
δεκατρία

14

çarde
δεκατέσσερα

15

pazde
δεκαπέντε

16

şazde
δεκαέξι

17

hefde
δεκαεφτά

18

hejde
δεκαοκτώ

19

nozdeh
δεκαεννέα

20

bîst
είκοσι

100

sed
εκατό

1.000

hezar
χίλια

1.000.000

milyon
εκατομμύριο

Inglîzî

Αγγλικά

Inglîziya Amerîkî

Αμερικάνικα Αγγλικά

Çînî Mandarîn

Μανδαρίνικα Κινέζικα

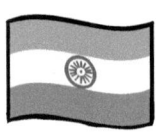

Hindî

Χίντι

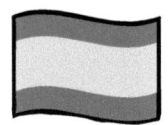

Îspanyolî

Ισπανικά

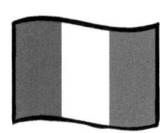

Frensî

Γαλλικά

Erebî

Αραβικά

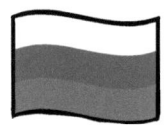

Rûsî

Ρώσικα

Portugalî

Πορτογαλικά

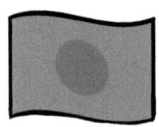

Bengalî

Μπενγκάλι

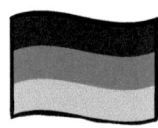

Elmanî

Γερμανικά

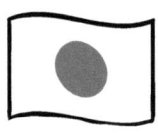

Japonî

Ιαπωνικά

min
εγώ

tu
εσύ

ew / ev / ew
αυτός / αυτή / αυτό

em
εμείς

tu
εσείς

ew
αυτοί / αυτές / αυτά

kî?
ποιος / ποια / ποιο;

çi?
τι;

çawa?
πώς;

kû?
πού;

kengî?
πότε;

nav
όνομα

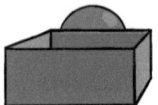

piştî

πίσω

li

μέσα

pêşî

μπροστά

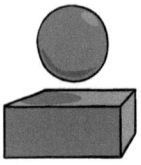

ser

πάνω από

ser

πάνω

bin

κάτω

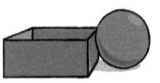

kêlek

δίπλα

navber

ανάμεσα

cih

μέρος